非常識経営の夜明け

燃える
「フロー」型組織が
奇跡を生む

天外伺朗

講談社

「フロー経営」に学ぶ

岡田武史

私はサッカーの指導者として、選手に論理的に戦術を説明し納得させてプレーさせるのが結構得意なほうでした。そして、ある程度成果も出してきました。

しかし、結果を出しても、いつも何か物足りなさが残っていました。

そこには、私の言ったことを忠実にやる選手はいたが、こちらがあっと驚くような、セオリーに反するひらめきプレーをする選手はいなかったからです。

「人を使う」という意味では経営も似たところがあるだろうと、天外伺朗先生の「フロー経営セミナー」に参加しました。そして、目からうろこが落ちるように私の指導法の問題点が明確になりました。

「人間性経営学」シリーズによせて……

本シリーズは、いまから一〇〇年にわたる企業経営の進化を展望する。

それが容易ではないことは、一〇〇年前を振り返ってみればすぐわかる。

当時は、企業という形態がようやく確立したばかりだったが、『女工哀史』に象徴されるような過酷な労働を強いる経営が多く見られた。

じつは、過酷なのは企業に限った話ではなく、当時の主要産業である農業も極端に貧しく、不作が続けば赤ん坊を間引いたり、娘を売ったりといった話が珍しくはなかった。

つまり、この一〇〇年間で、社会は急激に進化してきており、その中で企業経営も見違えるように変わってきたのだ。

企業が産業の主役へと成長するにつれて、当初の過酷な労働は共産主義という思想を生んだ。

その影響を受けて、収益の追求と労働者の権利とのバランスが模索され、やがてすべてのステークホルダー（利害当事者）の利益をあまねく配慮する経営が確立していった。

また、「顧客満足度」が重視されるようになり、最近では「従業員中心主義」が話題になっている。会社が従業員を手厚く遇し、大切にすれば、彼らは間違いなく顧客を大切にするという発想だ。

一方、企業はかつての足尾鉱毒事件から水俣病にいたるまで、数々の公害事件を引き起こしてきた。その苦い反省からも、収益至上主義は見直され、社会の中の「良き市民」としての企業像が確立されていった。社会貢献や地球環境への配慮は、いまや常識だ。

これらの、理念的、精神的な進化とは独立に、一方では経営効率の向上も激しく追求されてきた。

この一〇〇年間で、日本の労働生産性は一桁以上向上していると思われる。

一桁というのは大変な数字であり、陸上競技ならマラソンを一二分、一〇〇mを一秒弱で走るようになったことに相当する。

この驚異的な進化を支えてきたのが、約一〇〇年前に誕生した「経営学」だ。

もっぱら、論理的に合理性を追求する手法のため「合理主義経営学」とも呼ばれている。近年、ＩＴ技術の急速な進歩が、さらに効率向上に拍車をかけた。

この「経営効率向上」という面での企業の進化は、過去一〇〇年にわたって「合理主義経営学」を指導原理とする一本道だった。

さて、さきに述べた理念的、精神的な進化の原動力は社会に遍在する「人間性の追求」であり、効率向上における「合理性の追求」とは基本的に矛盾する。

――過去一〇〇年間の企業経営の進化は、「人間性の追求」と「合理性の追求」という、相対立する二つの軸の葛藤の中で進んできた――

日本では、「人間性追求」のベースとして、儒教、老荘思想、仏教思想などの影響が無視できない。

平和な二六〇年の江戸時代に発達した教育システム、つまり武士階級では藩校、一般庶民では寺子屋が、それらの思想をあまねく社会に浸透させるのに貢献した。

それは目には見えない深い影響を、社会全体にも、企業経営にも及ぼしてきた。たとえば、岩崎家など、多くの経営者が残した家訓をひもとけば、「天の道」などの表現が随所にあり、それらの影響を見て取れる。

欧米では、「合理性の追求」に対抗する「人間性の追求」の軸は、もちろんキリスト教がベースになってきた。

その微妙な差が、日本と欧米における企業文化の違いにつながった、と私はとらえている。


じつはごく最近、ブラジルのセムコ社や、アメリカのゴア社などによる、従来の企業経営の常識を根底から覆すような、突飛な経営スタイルが話題になっている。

どうやら、過去一〇〇年間の企業の進化とは、まったく違う方向性を持った、新しい潮流が台頭してきたようなのだ。

その内容をよく見ると、「合理性の追求」が必ずしも経営効率の向上につながっているのではなく、むしろ「人間性の追求」を極端に推し進めることにより、組織がすさまじい勢いで活性化する、という新しい発見がベースになっている。

つまり、従来は「人間性の追求」と「合理性の追求」という、対立した二軸の構図だったのが、今後は「人間性」一本に統一されていくと考えられるのだ。

これは、過去一〇〇年にわたって企業進化のひとつの面の指導原理だった「合理主義経営学」が、そろそろその役割を終えることを意味している。

それに替わる、新しい潮流を支えるフィロソフィーを「人間性経営学」と呼ぶことにする。

——本シリーズは、「人間性経営学」が、いまから一〇〇年間の企業の進化の指導原理になる、という信念のもとに企画された——

つまり、「いま」という局面は、「合理主義経営学」の世紀と、「人間性経営学」の世紀の、ちょうど端境期にさしかかっているという解釈だ。

じつは、「人間性経営学」は何から何まで新しいわけではなく、そのエッセンスは創業期のソニーにも見られる。

日本人にとって、まことに喜ばしいことなのだが、この新しい潮流は日本の企業文化とすこぶる相性がよい。

セムコ社が、革新的な経営への移行を模索しているとき、わざわざ人を派遣して、日本から多くを学んだのも、そのためだ。

「人間性経営学」における、理想のマネジメント・スタイルを、私は「長老型マネジメント」と名づけた。

指示・命令をしないで、場の流れを上手に活性化するスタイルが、アメリカの心理学者、アーノルド・ミンデルが創始した新しい心理学、「プロセス指向心理学」の集団ワークにおけるファシリテーター（進行を促す人）の役割と同じであり、その理想像がアメリカ・インディアンの長老だといわれていることが、命名の由来だ。

じつは、「プロセス指向心理学」は、ユング心理学と老子の思想を統合したものだ。

つまり、「長老型マネジメント」という命名自体に、老子の思想がほのかに滲み出ている。

私自身は、このマネジメント・スタイルを、ソニーの創業者の井深大《いぶかまさる》氏などに学んだのだが、おそらくは日本の企業文化の底に脈々と受け継がれてきた老子の思想を、図らずも再発見したのだろう。

「人間性経営学」の、もうひとつのキーワードが「燃える集団」だ。

ある局面でチームがすさまじい勢いで活性化し、あらゆる困難を克服し、ついには運まで味方につけてしまうという、一見神秘的な現象だ。

私自身は、ＣＤ（コンパクト・ディスク）や犬型ロボットＡＩＢＯの開発でそれを体験し、創業期のソニーが全社をあげて「燃える集団」状態に入っていた、という気づきが、本シリーズに取り組むきっかけになっている。

じつは、ゴア社を創業したビル・ゴアは、デュポン社に勤務していたときに、小人数の開発チームでこの「燃える集団」を体験し、そのすばらしい活気を全社的に展開できないかと考えて、デュポンをスピンアウトし、企業運営を工夫してきた。

新しい潮流を巻き起こしつつある企業の、全社が沸き立つような活気は「燃える集団」そのものであり、それが小集団や開発プロジェクトだけでなく、全社のあらゆる部門の活性化につながるように工夫することが「人間性経営学」の真髄だ。

天外伺朗

まえがき

本書では、いままでの常識的な企業経営を「ムカデ競走」にたとえている。

きわめて長い年月、産業界は「足を結んだまま、いかに速く走るか」を探求し、その制約の下で懸命な努力を続けた結果、成績はうなぎ登りに上昇してきた。

ところが、いまや選手たちの体力は限界に近く、みんな青い顔をして疲れ切っている。

ふと横を見ると、誰も足を結ばずに、一人ひとりバラバラで、全力疾走している連中がいる。

桁違いに速い！

みんな楽しそうにはしゃいでいる！

それが、本書で紹介する新しい潮流だ！

その最大の特徴は、会社のオペレーションのあらゆる局面に、従業員に対する徹底的な「信頼」が組み込まれていることだ。従業員は自ら、その信頼にしっかりと応えているため、上からの管理統制は不要になる。

それと比較すると、従来のごく普通の企業経営はいかに従業員を信頼していなかったか、常に「あなたを信頼していませんよ」というメッセージを従業員に送り続けていたか、ということがわかり、ショックを受ける。そして、従業員を管理統制しなければいけないのは、従業員がその不信頼にしっかりと応えているせいであり、単に自ら招いた呪縛《じゅばく》だったことに気づく。

その様子は、「走るときは足を結ばなければいけない」という「ムカデ競走」の呪縛に似ている。じつは、ルールブックには、どこにもそんなルールは書いてなかったのだ。

振り返ってみると、創業期のソニーにはその呪縛はなく、六〇年も前にこの新しい潮流を先取りしていた。その内容は『マネジメント革命』［1］（巻末参考文献参照、以下同）という本で、すでに解説した。そこで使いはじめた「フロー経営」「燃える集団」「長老型マネジメント」などのことばは、その後かなり企業経営の世界に普及してきた。

本書では、前著から発展し、現在、世界中でそういう新しい経営を実行している企業が台頭してきており、もはや企業経営の世界において、無視できない潮流になってきたことを紹介する。

また、私が主催する経営塾における、必ずしも企業経営の範疇《はんちゅう》におさまらない講義内容を紹介し、「天外塾」実況中継と称して、そこでの質疑応答を掲載する。

実際のやりとりに多少手を加えて読みやすいように整理したが、それでも、普通ならとても本に書けないような本音が含まれており、そこにほのかに薫る論理をはずれた物事の真髄は、本書の大きな特徴になったと信じている。

装幀　坂川事務所

非常識経営の夜明け

燃える「フロー」型組織が奇跡を生む

目次

第1章　ひと筋の光明

自家中毒する日本企業

ここ十数年間で、日本における企業経営が何となく行き詰まってしまった感がある。何人か企業人が集まると、必ずうつ病が話題になる。

全般的に、従業員の疲弊が進み、中間管理職のモチベーションはガタガタになり、罹病率が急激に上昇している。

人々が異変に気づいてから、かなりの年数がたつのだが、当初は外的要因にばかり目が行っていた。たしかに、バブルの崩壊から長い不況、不良債権問題からの金融危機、さらには台湾、韓国、中国などの台頭による競争の激化など、経営環境は試練の連続であり、そのしわ寄せを従業員が受けてきたことは否定できない。

しかしながら、最近の情況は外部要因だけですべてを説明するのは無理筋のようだ。身体の病気にたとえれば、細菌などによる感染症ではなく、自家中毒に似ている。感染症なら、抗生物質を処方するなど治療法が確立している。自家中毒症は、自らの体中で有毒物質を生成してしまうため、対策は容易ではない。

社内の活性化のため、どういう手を打ったらよいかわからず、頭を悩ませている経営者は多い。先輩から綿々と受け継いできたノウハウだけでは、さっぱり立ちゆかなくなってきたのだ。

経営合理化の果てに……

いままで何十年にもわたって、産業界は徹底的に経営の近代化、合理化に取り組んできた。急速に発達したＩＴ技術などを駆使して、経営管理、在庫管理、サプライ・チェーンの管理、人事管理などのあらゆる面が精密になり、処理が迅速になった。

情報システムに大投資して、半期ごとの決算を月次決算にすることが大流行して二〇年もたっていないのに、いまや週次決算はおろか日次決算が話題になっている。

企業経営は明らかに効率と生産性が上がり、無駄が減り、急速な進化を遂げてきたのだ。

いままでの経営者は、その路線をひたすら推し進めることにより、着実に成果を上げることができた。いわば、一本道だったのだ。具体的な方策はさまざまだが、大まかな方向性に関しては誰も疑問をはさむ余地はなかった。

ところが、いつのころからか判然とはしないのだが、少しずつ様相が変化してきた。いま私たちが直面している問題点は、明らかに従来とは異質だ。いままでの近代化路線を、そのままゴリゴリ推し進めても、いっこうに解決につながりそうもないことは、よほど感覚が鈍くない限りわかるだろう。

逆に、従業員をあたかも機械のようにみなして、合理化、標準化に邁進《まいしん》し、ルールを強化し、無味乾燥で非人間的な効率の向上を極端なレベルにまで追求してしまったこと自体が、問題の要因である可能性が高い。

すべての企業が近代化に取り組んでいるため、結局さらに効率を上げないと競争には勝てない。その循環はとどまることを知らず、際限のないプレッシャーとして従業員に襲いかかっていた。次第にそれが限界に近づき、出口の見えない閉塞感につながってしまったのではなかろうか。

ちょうど、安売り合戦でひとつの業界が破綻《はたん》することがあるように、効率向上合戦あるいは合理化合戦で、産業界全体が疲れ切ってしまうということは、大いにあり得るだろう。

もうひとつの問題点は、軍隊をモデルに導入された今日の一般的な組織運営が、従業員に対する大きな抑圧を生んでいることだ。

上意下達型のピラミッド型組織というのは、今日の常識であり、あらゆる企業で採用されている。それは秩序を保つためには有効であり、トップダウンで近代化・合理化を進める際には威力を発揮してきた。

しかしながら、従業員一人ひとりが、自由にのびのびと能力を発揮したり、創意工夫をすることを妨げており、ある種の忍従を強いてきたこともまた真実だ。それはときに、官僚的と揶揄《やゆ》される組織の硬直化を生んできた。

いままでは、その忍従を学んだ者が「社会性を身につけた」と評価されてきた。また、組織が官僚的になるのは当然だと考えられていた。

もちろん、それらに対して手をこまねいていたわけでもなく、企業経営の近代化の中にもさまざまな工夫が凝らされてきた。

ＱＣ（品質管理）サークル、ＴＱＣ（総合的品質管理）、提案制度、社内ベンチャー制度などが、その例のほんの一部だ。組織のフラット化やネットワーク組織などということばは、一時は流行語にすらなった。

それらが、一定の成果を上げてきたことに異論はないだろう。

しかしながら、にもかかわらず、ほとんどの企業ではピラミッド型の組織運営が踏襲されている。その弊害はよく理解できるのだが、かといってそれに代わる組織運営があるとも思えない、とほとんどの経営者は思っている。

かくして、いままで一〇〇年にわたって黄金色に輝いてきた企業経営の進化の道筋が、完全に袋小路に迷い込んでしまった。ある意味では、従業員の忍従と犠牲の上に進めてきた合理化や効率化がそろそろ限界に近づいてきた、ということだろう。

誰にも突破口が見えず、どんよりとした閉塞感の中で、ひたすらうつ病だけが増え続けている。

常識外れのマネジメント

ところが最近、その中からひと筋の光明《こうみょう》が見えてきた。

おそらくは進化を先取りし、未来の経営を実施しているのではないか、と思えるような企業が、少しずつ姿をあらわしてきたのだ。

彼らは、従来の近代化路線とはまったく異なるアプローチで切り込んできており、私たちが常識としている企業経営の常道を大きく逸脱している。もしそんな企業が現存していることを知らず、話だけを聞いたら、誰も信じられないような突飛なマネジメントなのだ。

ということは、私たちがいま直面し、これから進んでいかなければいけない企業進化の道のりは、決して従来のようななだらかな上り坂ではない、ということだ。目の前には切り立った崖が行く手をふさいでおり、思い切って飛躍をしない限り、それを越えて先には行けそうもない。

おそらく、その飛躍をためらって従来路線に固執する企業は、いまから二〇～三〇年のうちに淘汰《とうた》されていくだろう。いま安全と思われている大企業は、なだらかな坂を上っているうちはきわめて強力だったのだが、大部分が崖の下に置いていかれる危険性が高い。

さてそれでは、そのひと筋の光明に焦点を当ててみよう。

革新的な企業経営として、識者の間で話題になっているのが、ブラジルのセムコ社、アメリカのゴア社やパタゴニア社などだ。しかしながら、よくよく見ると、日本の中小企業の中にも、すでに数例生まれている。

まだまだ小さな流れなのだが、着実に新しい潮流を形づくりつつあるのだ。

これらの企業に共通なキーワードをひとつだけあげるとすると、それは「信頼」だ。

経営者が従業員を徹底的に信頼するのだ。

いままでのように、上に立って、半ば信頼し、半ば冷たい評価の眼で見るのではなく、文字どおり丸ごと受容し、丸ごと信頼するのだ。

上下関係はない。

経営は、ほとんど無政府状態といっていいようなボトムアップだ。上からの指揮統制はない。

つまり、現場に全権限が委譲され、現場が経営の主導権を握っているのだ。ピラミッド状の階層型組織運営は影も形もない。

現場がデシジョン（意思決定）できるためには、全社の詳細な情報が全社員に公開され、あまねく周知徹底されていなくてはいけない。

セムコ社では清掃係にいたるまで、財務諸表の読み方がトレーニングされている。

また、従業員の能力向上のためにさまざまな工夫が凝らされている。

当然のことながら、従業員は「やる気」にあふれている。個性を発揮し、能力を目一杯引き出し、たえず創意工夫をしている。職場は熱気にあふれ、生き生きと活性化されている。

もちろん、トンチンカンなことも山ほど起きるのだが、全体の熱気の中で、しっかりと自浄作用が働いている。

従業員が活性化すれば、会社全体が活性化するのはあたり前の話だ。

つまり、経営者の「信頼」に、従業員は十二分に応えている。また、従業員サイドも、経営者を全面的に「信頼」しているからこそ、自らをさらけ出し、全力投球ができるのだ。

まさに「信頼」が奇跡を生む企業経営だ。

本書では、その詳細を見ていきたい。

第2章　天外塾

「燃える集団」が奇跡を生む

私はここ数年間、「天外塾」と称する経営者を対象としたセミナーを開催している（主催は日本経営合理化協会、アルマック、日本能率協会など）。六日間各四時間（計二四時間）がワンセットだ。

私自身は、ソニーという特殊な職場しか経験していないのだが、セミナーを通してさまざまな規模のさまざまな職種の塾生と知り合うことができ、日本の産業界全体の雰囲気を、おぼろげながら味わう機会を得た。

驚いたことに、私が「天外塾」で説いてきた理想的な企業経営と、前章で述べた新しい潮流は、ぴったりと一致していた。

じつは、二〇〇五年に最初に「天外塾」を開いたときには、私はこの新しい潮流のことはまったく知らず、もっぱらソニーにおける自らの体験から経営論を展開していたのだ。

キーワードのひとつが「燃える集団」だ。

それを私は、CD、ワークステーションNEWS、AIBOなどの技術開発を通じて体験した。チームがすさまじい勢いで活性化し、ついには好運まで呼び寄せて数々の奇跡を生む、というちょっと神懸かり的な現象だ。

じつはそれは、技術開発の場に限定されることはなく、人間活動のあらゆる局面で出現する。スポーツの世界では「ゾーンに入る」と表現されている。

また創業期のソニーは、全社をあげて「燃える集団」状態であったことが確認されている。「燃える集団」が出現するためには、チームは誰にもコントロールされずに、自律的に進むべき方向を決定できる必要がある。

部下を徹底的に受容し、信頼し、自律的な動きにまかせて指示・命令をしないマネジメント、つまり「燃える集団」が生まれやすくなるスタイルを、私は「長老型マネジメント」と名づけた。じつは、ソニーの創業者の井深大氏のマネジメントが、その命名のベースになっている。

経営論としての裏付けを得るため、心理学者チクセントミハイの「フロー理論」、いま大流行している「コーチング」のルーツであるガルウェイの「インナーワーク」、また深層心理学、トランスパーソナル心理学などを参照した。

そして『マネジメント革命』［1］という本をまとめた。

しかしながらその内容は、いままでの企業経営の常識からあまりにもかけ離れており、厳しい現場を抱えておられる経営者たちに説いても、心から納得していただくのは容易ではなかった。

そういう、一見すると突飛な経営論が、最近姿をあらわし、人々の話題になっている新しい潮流とぴったり一致しているのは不思議だが、じつは創業期のソニーがはるか昔にその新しい潮流を先取りしていたということだ。私はたまたま、それを身をもって体験する幸運にめぐまれたのだ。

それを発見したとき、私は驚きと喜びで強い衝撃を受けた。それが本書を執筆する最大の動機になっている。

今後は前著［1］も含めて「人間性経営学」としてシリーズ化し、この新しい潮流の内容を掘り下げ、世の中に提示していきたい。

経営学は役に立たない

天外塾の第一講は、「経営学は企業経営の役に立たない」という話からスタートする。

塾生は、皆一様に「エッ！」と驚く。

それはそうだろう。

経営の役に立つために構築された学問を経営学と呼んでいるのだから……。

また「そういうお前も、人間性経営学とか称して経営学を説いているではないか！」という声が聞こえてきそうだ。

その批判はまったく正しい。

「役に立たない」という意味では、私の説く「人間性経営学」とて例外ではないのだ。

それではいったい、何のために天外塾を開き、また本書を執筆しているのか？

じつは……、

1．経営学はなぜ役に立たないか？

2. それでは経営者はどうすればよいのか？

……ということを明らかにし、お伝えするのが目的だ。

そして、この二点への解答が、新しい潮流の真髄でもあるのだ。

新皮質（論理）vs. 古い脳（直感）

前述のように、「燃える集団」という現象は、しばしば奇跡を呼ぶ。

それは、集団が「フロー状態」に入ることで、人間なら誰しもが潜在的に持っている、すさまじい能力を引き出し、活用するからだ。「フロー」というのは、その能力を発揮しやすい精神の状態をさす。

ところがほとんどの人は、自分にそのような能力がそなわっていることを知らない。日常生活では抑圧されており、表には顔を出さないからだ（だからこそ、潜在能力という）。

これを脳科学的に解釈すると次のようになる。

まず「フロー」というのは、人類がはるか昔の爬虫類時代までに進化させた古い脳、つまり脳の深い部分が十分に活性化した状態をいう。

それに対して日常生活では、私たちは新皮質と呼ばれる脳の部位を優位に働かせている。

新皮質は、鳥類でその原基があらわれ、哺乳類で大きく発達した。猿から人間に進化する過程では、わずか三〇〇万年という短期間に三倍まで膨張しており、人類の高度な知的活動を支えている。

私たちの活動は、他の動物とはかなり違う。

言語をあやつり、物事を分析し、論理的に判断し、理性で自らをコントロールしている。これらはすべて新皮質の営みだ。

だから日常生活では、新皮質が優位に働いているのはしごく当然だ。

新皮質と古い脳は、基本的には協調的に働いている。しかしながら、重複している機能もあり、後から発達した新皮質が古い脳の活動を抑圧するメカニズムがあるらしい。ときに両者は激しく葛藤《かっとう》することもある。

一般に物事を進めるときは、論理的な分析が重視される。それが成功の要因のように見えることもある。

ところがじつは、うまくいっているときは、例外なく新皮質と古い脳が協調して働いているのだ。必ずしも「フロー」の状態までは達していないのだが、古い脳はある程度は活性化されており、抑圧されてはいない。

その状態を日常会話では、単に頭で理解しただけでなく、「身体的に把握して、自分のものにした」などと表現する。スポーツなどでは、よく「体で覚えろ」という。

しかしながら、知識を獲得しつつあるとき、つまりお勉強をしているときは、ほとんどの人は新皮質をフルに活性化させ、古い脳を抑圧している。おそらく、そのほうが学習効率が上がるのだろう。

もし、お勉強の目的がペーパーテストだったらそれで十分だ。単に獲得した知識をそのまま吐き出せばいいからだ。

ところが、ドロドロした現実の問題に対処するためには、それでは不十分だ。ちゃんと古い脳を働かせ、「身体的に把握して、自分のものにした」段階まで消化していないと、知識をうまく応用することはできない。

つまり、経営学を懸命にお勉強して、「なるほど、こうなっているのか」とか、「フム、フム、わかったぞ」と思って、そのまま実務に応用しようとしても、うまくいくものではない。古い脳が抑圧され、眠っている状態になっているからだ。

「経営学は役に立たない」というのは、そういう意味だ（8章で詳述する）。

それは従来の経営学だろうと、「人間性経営学」だろうと同じことだ。お勉強して、新皮質で獲得した知識を古い脳まで浸透させる、つまり「身体的に把握して、自分のものにする」ためには、それなりのプロセスが必要だ。それを知らずに即実行に移すとひどい目にあう。

多くの経営者が、その落とし穴にはまっている（5章で例をあげる）。

一般に、「人間は言語を用いて思考する動物だ」といわれている。それは間違いないのだが、単に新皮質における計算のみに言及しているにすぎない。

それとは独立に、言語や論理がまったく関与しない計算回路を人間は保有している。

それがじつは古い脳なのだ。

古い脳の計算プロセスを、私たちは意識できない。意識は新皮質の担当だからだ。ただ計算結果は新皮質に報告されるので、意識に上ってくる。

つまり、いきなり、何の脈絡もなく、結論だけがポッと浮かび上がってくるのだ。

一般には、その現象のことを「直感」と呼んでいる。

直感を磨くことの大切さを説く経営者は多い。じつはそれは、古い脳を活性化することと同じ意味なのだ。

経営学者の説く経営学には、そのポイントはすっぽりと抜けている。経営学というのは、言語と論理ですべてが記述できるという錯覚の上に構築されてしまったからだ。

「人間性経営学」のひとつの特徴は、古い脳を活性化することの重要性を説いていることだ。古い脳が極端に活性化した状態が「フロー」であり、「燃える集団」だ。

ぐじゃぐじゃな質疑応答

俗に「腑に落ちない」という表現がある。

腑とは内臓（五臓六腑）のことであり、口で味わった食物が、ちゃんと食道を下って胃に達して消化されていない様子を、たとえとして用いているのだろう。

それを脳科学的に見ると、新皮質による論理的な計算結果と、古い脳による直感的な計算結果が一致していない状態をあらわしている。

経営学が「腑に落ちる」と、前に記した「身体的に把握して、自分のものにする」状態になる。そこまでいけば、「経営学」は実務の役に立つだろう。

ところが困ったことに、その真髄はことばでは記述できないのだ。

新皮質の住人であることばで、古い脳の活動を表現することは不可能だ。

天外塾の六日間、計二四時間の講義は、本来ことばでは表現できない内容を、塾生の古い脳に直接感じてもらうという場だ。

質疑応答に多くの時間をさくが、塾生には極力「ぐじゃぐじゃな質問」をするようにお願いする。私もなるべく「ぐじゃぐじゃな答え」を返す。

じつは、質問をしたいと思ったときには、古い脳が何らかの「腑に落ちない」ポイントを見出している。それは必ずしもことばでは表現できないのだが、きわめて本質的な問題提起であることが多い。

ところが、人の目を意識して、カッコよく理路整然と質問しようと努力しているうちに、その最も大切なポイントがどこかに行ってしまう。つまり、質問したい本質がずれていくのだ。

むしろ、論理的な文章にならなくても、支離滅裂に思いついた単語を並べたり、叫び声や踊りを交ぜたほうが、古い脳に発生した本質的なポイントが伝わる。

もちろん、日常生活でそれをやったら、単なる馬鹿と思われてしまう。聞く側が、古い脳が何をいいたいのかを感じるトレーニングを積んでいないと、そのメッセージを正しく受け取ることはできない。

首尾よく、ぐじゃぐじゃな質疑応答が実現できたセミナーでは、塾生の古い脳を活性化する絶好のトレーニングができたことになる。

逆に、理路整然たる質疑応答がおこなわれると、新皮質が活性化してしまうので、天外塾としては失敗だ。

まだそのレベルには達していないが、私としては最終的に、禅問答のように論理をはずした受け答えまで行きたい。

禅の本は山のように出版されているが、本来は「不立文字《ふりゅうもんじ》」、つまり「仏法は言語では伝達できない」というのが基本だ。

「ことばでは記述できない」ということを伝えるため、きわめて多くのことばを弄するという矛盾は、禅の説法と天外塾に共通しているのかもしれない。

第3章　経営学は人間学へ

人は合理的でない

日本には昔から、儒教思想、老荘思想などが定着しており、「人の上に立つ者はまず自らの人間性を磨かなければならない」という暗黙の了解事項があった。とくに哲学を学んでいない企業経営者にも、それは民族の伝統として目に見えない影響を及ぼしてきた。

ところが近代の経営学者たちが構築した、いわゆる経営理論には「人間性」という視点はない。学問として理論化するためには、客観的に、かつ論理的に構成しなければならず、そのようなドロドロした内容はなじみ難いのだ。

そして、「人間も組織も合理的に判断して行動する存在であり、理性で十分にコントロール可能だ」という一般常識を前提に、経営学を構築してしまった。

誰しもが、自分は合理的に意思決定をし、そのとおりに行動している、と信じて疑わない。だから経営学者たちが、そう錯覚してしまうのは無理からぬことだ。

しかしながら、じつはその前提は根本的に間違いであり、きわめて幼稚だといわざるを得ない。間違った土台の上に、いくら美しい論理を重ねてみても、全体としては砂上の楼閣にすぎない。

人が決して合理的な存在ではないことは、深層心理学という学問が明らかにしてきた。自分では、自由意志にもとづいて合理的に判断しているると信じているのだが、じつは、本人も気づくことができない無意識からふつふつとこみ上げてくる、さまざまな衝動に支配されている、というのが人間の実態だ。

その衝動の源は、古い脳に定着してしまった暗示、トラウマ、コンプレックス、恐怖感、不安感などだ。また、自分で「あってはならない」と、自動的に抑圧してしまった部分人格、つまり心理学でシャドー（影）と呼ぶ存在からの衝動もきわめて強い。

古い脳に暗示を定着させる手法が、いわゆるマインド・コントロールだ。いったん定着してしまうと、人間は表面的な意志の力でそれから逃れることはきわめて困難になる。

選挙になると、候補者は大音響で名前を連呼する。そこには国民や市民の代表としての品格のかけらも、インテリジェンスの香りもない。したり顔の識者は、何であんな馬鹿な選挙運動をするのかと批判する。

ところが、深層心理学的な視点で見ると、連呼というのはきわめて有効な手法なのだ。同じことばが繰り返されると、それは古い脳の活性化を呼びやすくなる。つまり、軽いマインド・コントロールが起きるのだ。投票所に行くと、何とはなしにその名前を書いてしまうということが実際に起こり得る。

逆に、いくら美しいことばで優れた政策を語っても、それは表面的な新皮質を刺激するだけで、いっこうに古い脳には浸透しない。つまり、マインド・コントロールは起きない。

もちろん人間は、新皮質と古い脳との葛藤の中で生きている動物であり、ときには新皮質が優勢に立って行動に結びつくこともある。だから、優れた政策を訴えることが、まったく無駄だといっているわけではない。

問題は、学者先生方も一般の人々も、人間は合理的で論理的な判断、つまり新皮質の計算のみにしたがって行動している、と錯覚していることだ。古い脳からふつふつと沸き上がってくる、圧倒的に強い闇の衝動を無視していることだ。一方で、ときにその衝動は、「フロー」のようなすさまじい潜在能力の開花につながることもある。

したがって、深層心理学を組み入れていない経営学は、すべて欠陥商品だといえる。「フロー」という現象を発見し、学問的に体系化したチクセントミハイは、もともとは深層心理学者だった。だからこそ、ドロドロした古い脳の営みに、しっかりと切り込んでいけたのだろう。

前述のように、「人間性経営学シリーズ」をまとめる際のひとつのバックボーンが、深層心理学だ。その視点から、企業経営の現場の営みを読み解いていきたい。

キーワードは「受容」

例をあげよう。

「燃える集団」が出現するためには、チーム・メンバーが互いに受容し、強い信頼感で結ばれている必要がある。ところが、自分自身を受容できていない人は、他人も受容することができない。言動が必要以上に防衛的になったり、消極的になったり、ときに無意味に他人を攻撃することがあり、「燃える集団」の火を消す役回りを演じてしまう。

一般に、幸福な子ども時代を経験していない人は、自分自身を受容することが難しい。それは決して本人の責任ではないのだが、いかんともしがたい。

そういう人は、一見快活で学業成績が優秀で、仕事に熱心に取り組んでいても、「燃える集団」のチーム・メンバーには不向きだ。

もちろん、その人が心を開いて自分自身を受容することを学べば、逆にかつて受けたトラウマをバネにして優秀な経営者に育つことも大いにあり得る。

従来の企業内研修プログラムは、業務知識やさまざまな表面的なスキルばかりを問題にしており、このような深層心理的な視点は配慮されていなかった。

「長老型マネジメント」を実行するときにも、まったく同様に「受容」がキーワードになる。ただそれだけではだめで、人間としての徳がそなわっていなくてはいけない。

つまり、「長老型マネジメント」というのは、意識して、理性で自らをコントロールして、演技で実現できるものではない。人間性があるレベルに達すると、自然に内側から湧き出てくるマネジメント・スタイルなのだ。

たとえば、その真髄のひとつに、「心の底から部下の成長を願う」というのがある[1]。

目先の業績や、自らの名誉などより、部下の成長を優先するのだ。部下は、上司が本気で自分のことを考えてくれることがわかれば、死に物狂いで働き、スーパーマンに変身する。結果的に、業績を上げることを優先しているマネジメントより、かえって業績が上がるのだ。

ただ表面的に「部下の成長を願っているふり」をしても何の意味もない。臭い演技は、たちどころに見抜かれてしまい、結果はかえって悪くなるだろう。

「心の底から部下の成長を願う」というのは、それほどなまやさしい話ではない。自我の肥大を脱却して、自己顕示欲がうすくなり、あるレベルまで人間的な成長をとげていないと、できるものではない。

経営は「自分磨き」

身体の成長は目に見える。三キロ前後の赤ちゃんがすくすくと育ち、数十キロの成人になる。そこから老化がすすみ、外見が老人になり、身体能力は衰えていく。

それに対して、精神的な成長というのは、外から見てもなかなか簡単にはわからない。じつは、本人にも判然としないのが普通だ。

一般には、理性で自分自身をきちっとコントロールして、立派な社会人を演じることができるレベルが、暗黙の目標になっている。誰もそれ以上のレベルを知らず、したがってそこで成長がストップする。

その後は、ほとんどの人が、お金、出世、名誉といった世俗的な成功に向かって自らを駆り立てるばかりで、それ以上自分を磨こうとはしない。

そのレベルの人は、世間でこうあるべきだと信じられているマネジメントは、まがりなりにもこなすことができる。理性で自分自身をコントロールする力は身につけているからだ。

しかしながら、だからといって部下の「やる気」を引き出し、チームを十分に活性化できるとは限らない。そのためには、表面的なマネジメント力ではなく、人間力が問われるからだ。

深層心理学では、表に出ている演技をしている部分人格をペルソナ（仮面）と呼んでいる。この章の冒頭に記したシャドー（影）は、本人も知らぬうちに抑圧してしまったため、表からは見えない部分人格だ。

ペルソナが立派な社会人を演じていても、その背後にはシャドー、トラウマ、コンプレックス、恐怖感、不安感などが渦巻いており、そこから突き上げてくる衝動から逃れることができないのが、人間の性《さが》というものだ。

古い脳からの否定的な衝動が強く、それに巻き込まれている人は、チームを活性化に導くことは難しいだろう。言動が明晰《めいせき》で、一見とても賢そうに見え、立派なリーダーと思われた人の下で、チームの活力がどんどん下がってしまうという現象は、企業の現場ではよく見られる。

無意識の働きは本人にはわからず、外からも見えない。その人がリーダーになると、なぜ組織が活力を失っていくのか、誰も合理的には説明できないだろう。

天外塾では、すったもんだしている自分自身に巻き込まれないで、まず自分を客観的にありのまま観る視点を確保してもらう。そのとき、価値判断や評価が極力入り込まないトレーニングが大切だ。

そして、「自分磨き」という永遠のテーマに関心を向けてもらう。

身体とちがって、精神的な成長は止まるということはない。まさに死の瞬間まで続くのだ。また、そのレベルも際限がない。

ずーっと先に行けば、少しずつ自我が溶融していき、仏教で「悟り」と呼ぶ境地に近づいていける。

私は、幼児期の精神の発達から、自我の確立を経て、「悟り」の方向に向かっていく、人間の精神的成長の全サイクルを「意識の成長・進化」と呼んでいる。

生まれてきた人間は誰でも持つ最大の宿題が、死ぬまでにどのレベルに達しているか、ということではなかろうか。

その視点から見ると、企業を上手に経営するために自分を磨くというのは本末転倒であり、経営の場が自分磨きの絶好のチャンスを与えてくれている、と考えるのが本筋だろう。

かくして「経営学」は、どんどん「人間学」に収斂《しゅうれん》されていく。

第4章　「やり過ごし」宣言

「インナーワーク」の教え

二〇〇七年の天外塾（アルマック主催）には、その後サッカーの日本代表チームを率いることになった、岡田武史監督が塾生として参加され、フルに六日間おつきあいをいただいた。

企業経営とスポーツは、一見するとまったく違う分野に見える。しかしながら、いずれも人間の営みであり、また「いかにチームを活性化するか」という共通点もある。「人間性経営学」体系化のためのバックボーンのひとつとして採用した「インナーワーク」を開発したガルウェイは、もともとはテニスコーチだった。

実際にテニスをプレーしている自分自身のほかに、あたかももうひとりの自分が存在するように思えた彼は、指示・反省する自分＝「セルフ1」が、常にプレーしている自分＝「セルフ2」を妨害していることを発見した。「インナーワーク」というのは、いかにセルフ1の妨害を軽減するかというテクニックだ。

その後「インナーワーク」は、ゴルフやスキーなどの他のスポーツで成功をおさめ、音楽などのスポーツ以外の分野からビジネスにまで進出し、三〇年かかってコーチングの大流行にまで育っていった。

私はこれを経営学のバックボーンとして採用するときに、脳科学の知見を取り入れ、セルフ1を新皮質、セルフ2を古い脳の活動であると読み解いた［2］。

したがって、そのポイントが岡田監督の目にとまり、サッカーの分野の参考になるということは、いわば先祖返りのようなものだ。

天外塾に参加した塾生たちと、岡田監督を交じえた質疑応答の模様については、後に「天外塾」実況中継の形でお伝えしていこう。

「やり過ごし」の効用

前述のように、「長老型マネジメント」を実践するためには、意識のレベル（人間的成長）がある水準に達している必要がある。並の経営者が表面的に形だけ真似ると、たちまち破綻に向かう危険性を秘めている。

したがって天外塾では、いきなり「長老型マネジメント」に挑戦することは、きつくいましめている。そのかわりに推奨しているのが、「やり過ごし宣言」だ。

これは、中小企業のトップか、大企業なら事業部長や支店長など、ある程度まとまった組織の全権を掌握している人が対象だ。

組織の全員、もしくは幹部社員に対して、「自分の指示・命令が現場にそぐわないと思ったら、いつでも勝手にどんどん無視していいよ」と、宣言するのだ。

これには、ほとんどの塾生がビビる。実行するのはほんのわずかだ。

ビビるのが正常だ。まさに、マネジメントとしての権威を、自らが否定することになるからだ。

また、よほど上手に伝えないと、聞き手に理解されない。「社長おかしくなったんとちゃう」と一笑されるのがオチだ。

ところが、そんな奇妙な宣言をわざわざしなくても、じつは健全な組織では日常的に「やり過ごし」が実行されている。

経営学者である高橋伸夫東大教授が、三十数社、三〇〇〇人以上に対して調査したところ、六〇％以上が「やり過ごし」の存在を認めていた［3］。

――「やり過ごし」のできぬ部下は無能――

ついでにいうと、自分の指示・命令が「やり過ごし」により無視されたとき、怒り狂う上司も無能だ。

ほとんどの職場では、上司の思いつきの発言や、とても実行不可能な指示を、現場で適当にフィルターをかけて「やり過ごす」ことにより、業務がとどこおりなく回っていく。

それがわかってくれれば、上司のほうもロクロク吟味しないで、思いつきをポンポン発言できるようになる。まったく見当違いのひと言が、新しい方向に突破口を開くヒントになることもあり得る。

つまり、「やり過ごし」が日常的に実行されている職場は、ブレーン・ストーミングを毎日やっているようなもので活気に満ちている。

部下のほうも、体を張って「やり過ごす」ことによって判断力、決断力が身についていく。上司のいうとおりに動いている部下は、それができず、マネジメントのレベルに育つことはない。

――人は、「やり過ごし」をすることによってのみ、まともなマネジメントに成長できる

――（「長老型マネジメント」格言集No.36）〔1〕

逆に、厳密な合理主義経営が導入され、「やり過ごし」など到底許されなくなった職場では、トップのひと言で全体が右往左往してしまい、迷走してしまうことが多い。すべてを適確に見通し、常に正しい指示を出し続ける神様のようなトップなどいないと思ったほうがいい。

――「やり過ごし」「尻ぬぐい」などという一見、しょうもない現象にこそ、調子のよい日本企業のほんとうの強さの秘密がかくされている――（高橋伸夫）〔3〕

現場の「やる気」を引き出す

ところが従来は、「やり過ごし」は本来あってはならないものとして、誰もが後ろを向いてペロッと舌を出しながら、コソコソと実行してきた傾向がある。正統派の経営学では「やり過ごし」は「コントロール・ロス（組織運営上の損失）」として、厳しくいましめてきた。

しかし従来でも、上司の指示をひたすら待っている部下は「指示待ち社員」として無能の代名詞だった。指示がなくとも必要な業務をこなし、不要不急な指示は適当に無視できる社員が有能だというのは現場では常識だ。

これまでの経営学は、実務を遂行している現場の感覚と、大幅にずれている。

とはいうものの、「やり過ごし宣言」は大きな危険性をはらんでいることも事実だ。いきなり実行しろといわれても、「やり過ごし」の自覚のない社員は、不安と混乱をおぼえるだろう。指示待ち社員が多い企業は大混乱になる。彼らは周囲の状況を把握しておらず、そのままいきなり行動したら支離滅裂になるからだ。もし悪意をもって「やり過ごし」を実行する社員が出てくると、会社は大きなダメージを被る。

したがって私は、「やり過ごし宣言」をしてもOKな企業の条件を厳しく規定している。

◉「やり過ごし宣言」実行可能な企業

1．社内に深刻な対立や抗争のないこと
2．トップが「うちには優秀な社員が多い」と思っていること
3．トップが従業員に受容され、敬愛されていること
4．すでに「やり過ごし」が実行され、黙認されていること
5．従業員の「やる気」が十分に高く、「自主性」の気運に満ちていること

「人間性経営学」のひとつのポイントは、なるべく現場の裁量権を拡大し、参加意識を高め、一人ひとりの「やる気」を引き出すということだ。

「長老型マネジメント」はその究極であり、「やり過ごし宣言」はその中間段階におけるきわめて有効な方策だ。そのために、天外塾ではひとつの実験をおこなっている。

トップが「やり過ごし宣言」をおこない、その一、二週間後に幹部社員にその印象と社内の変化の様子を聞くインタビューを、スタッフが出張してビデオ撮りをする。塾の最終日に、皆でそれを鑑賞するという趣向だ。

二〇〇七年の天外塾（日本経営合理化協会主催）では、ヒューマンフォーラムという古着屋チェーンを展開している出路《でみち》雅明社長が、「やり過ごし宣言」の実行を買って出てくれた。

最終日にそのビデオを観て、私は舌を巻いた。

「やり過ごし宣言」など不要なほど社内は活性化しており、私が六日間、口を酸っぱくして説いてきたことなど、とうの昔から実行されている様子なのだ。

「私が講師をするより、むしろあなたがやったほうがよかったんじゃない？」

出路は、いかめしい髭面をくずしてニタッと笑った。

「……じつは……私も本を書いておりまして……」

彼がおずおずと差し出した本は、『ちょっとアホ！理論』［4］というタイトルで、アフロヘア、サングラス、白いスーツ姿の出路が、さまざまなポーズを取ってたくさんうつっているケタタマシい表紙だった。

その晩私は、夢中になってその本を読んだ。

「……これは、天外塾の教科書にうってつけだ……」

第5章　楽しむことでV字回復

——出路の経営学

どうせダメなら楽しく！

出路は、パンクロックのミュージシャンだった。その業界では、かなり名が知られ、カリスマ的な存在だったらしい。

一九九三年、一念発起してワゴン車一台で古着屋を開業。仲間に恵まれて急成長し、二〇〇一年には年商三五億円、利益率一四％に達した。

ところが、その成功とは裏腹に、本人は不安と不満にさいなまれるようになり、燃え尽き症候群を体験し、社業にまったく身が入らなくなってしまった。

涙ながらに仲間に謝り、気を取り直して猛勉強し、ありとあらゆる本を読み、またセミナーに出まくり、経営の改善に取り組む。

世の中で提唱されているさまざまな経営手法、マーケティング手法を、コンサルタントの指導のもとに、片っ端から導入しはじめた。

まずは、経営情報システムを一新した。商品管理、顧客管理、営業管理システムなどを構築し、経理部を強化して精密な経営分析ができる経理システムを導入した。人事考課システムも入れ、人材育成教育をはじめた。

差別化のため、オリジナル・ブランド商品の企画開発、高級ブランド商品の導入、新規コンセプト・ショップの立ち上げ、新規生産ルートの開拓、新規事業にも手を染めた。

また、企業理念を作り、一年半をかけて中長期事業計画を策定した。

ところが、そういうすさまじい努力をあざ笑うかのように売り上げが落ちていった。コンセプト・ショップを開けば、業界誌などでは絶讃され、いい気になったが、売り上げはさっぱりだった。

二〇〇四年には、三億円の損失を出し、二〇億円の借金を抱え、打つ手がすべて失敗したことを認めざるを得ない状況になった。

目の前に倒産の二文字がせまってきたのだ。

さらに出路は、家族の病気や本人の胃潰瘍など、同時多発的危機に見舞われた。

……もう、あかんな……。

そう思うと、出路は逆に気が楽になった。

開き直ったのだ。

そして、どうせダメなら、せめて楽しくやろう、と決心した。

それで会社が潰れても、別に殺されるわけじゃないし。沖縄にでも逃げていって、百姓をして、自給自足生活も結構楽しいんじゃないか。

出路はふたたび仲間を集めた。皆にこの惨状を謝ることと、楽しくやろうという開き直りを伝えたかったのだ。

「それ、面白そうですね」

皆の反応は、出路の想像をはるかに超えたものだった。

「沖縄に行くようなら、俺らも行っていいですか？」

出路は嬉しくなった。

それから、全員涙にむせんで「楽しむ！」という「新たなる希望の光」を熱く語り合った。

よくよく考えてみれば、ワゴン車一台で商売をはじめたときは、開き直っており、楽しくやっていた。経営学もマーケティング手法も知らなかったけど、やることなすこと当たっていった。「潰れたら、また何かとんでもないこと、やらかしたろ」などと、アホなことをいっていた。

あのころも「どっちみちダメなら、楽しく生きたほうがいい」と思っていた。

要するに、あのころに戻ればいいのだ！

常識的判断は天敵

それから出路は、すべての経営学、マーケティング手法に背を向けた。精密な経営情報システムを反故《ほご》にして、経理を昔ながらの「どんぶり勘定」に戻した。

判断基準を、自分と大切な仲間が「楽しいか？　楽しくないか？」という一点に絞った。

このフィロソフィーを、出路は「ちょっとアホ！」と名づけた。

――「正しいか？　正しくないか？」「良いか？　悪いか？」「〜するべきか？　〜しないべきか？」などの〝常識〟的な判断基準は、「ちょっとアホ！」の天敵――

もがき苦しんだ二年間は、まさにその天敵に振り回されていたのだ。

この日から出路は、医者に禁じられていた大好きな酒を飲みはじめた。医者は激怒したが、二ヵ月後に胃潰瘍は完治。

お店も、自分たちの好きなものを仕入れて、客を巻き込んでお祭り騒ぎで売ることを徹底。すると業績は超V字回復をしていった。

危機こそチャンス

出路は、倒産の危機、胃潰瘍などの同時多発的危機は、「ちょっとアホ！」に気づくための、とてもありがたい出来事だったと語っている。

これは、私が「死の経営」として説いていることのひとつだ。

倒産も病気も、その人にとっては疑似的な死に相当する。近代文明人は、死から目を背《そむ》けて生きている。しかしじつは、死に直面することによって、人は初めて意識の変容をとげることができる。

そのときの変容は、人間の「意識の成長・進化」のサイクル全体の中では、比較的小さなステップなのだが、その人の人生は大きく転換する。

以下に、出路の経営学の要点を記す。その内容に関しては、この後の章で少しずつ解説を加えていく。

◉出路の経営学の要点

1. 企業経営で最も大切なことは、まず自分が楽しいこと。次に仲間やお客さんが楽しいこと。人を喜ばせることは、本質的に楽しいことだ。
2. 意味のない自己満足や優越感、上辺だけのかっこつけ、虚栄心、業界の評判などの見せ掛けの表面的な楽しさと、心の底からの本当の楽しさとを混同しないこと。
3. 「ちょっとアホ！」に徹して、遊び心、いたずら魂を発揮することが大切。
4. 「正しいか、正しくないか」「良いか悪いか」「〜するべきか、〜しないべきか」などの常識的な判断基準は「ちょっとアホ！」の天敵。
5. 自ら懸命に努力し、反省し、根性を持って頑張り、他にもそれを強要する生き方は最悪。いい結果は生まない。

6. 和気あいあいとダラダラ仕事をやったのでは、本物の楽しさは得られない。知恵を出し切り、工夫をしまくり、どんなアホなことでも徹底的に没頭してやり切ることにより、心の底から楽しさが湧いてくる。

7. 自分に対しても、上司や部下に対しても、お客さんに対しても「正直」であること。「カッコつけない」「見栄を張らない」「ありのままの自分を好きになり、さらけ出す」「正直なら怖いものなし」

8. 社員に理念を徹底しなければいけない。わかりやすく簡単なことばで、いろいろな方法で、いろいろな場で、何度でも繰り返して……。

9. 会社の本当の成長は、規模が大きくなることではない。仲間がより楽しく、お客さんがより楽しく、会社に関係する人々がより楽しくなるような会社にすることだ。それは、最大の楽しみだ。

10. 会社にとってもっとも大切なことは、社員一人ひとりの人間的成長。

11. 社員の採用基準は、まず「いい奴」かどうか、次に「やったるで」と思っているかどうか、最後に能力だ。

愛読者カード

今後の出版企画の参考にいたしたく存じます。ご記入のうえご投函くださいますようお願いいたします(平成21年10月31日まで切手は不要です)。

お買い上げいただいた書籍の題名

a　ご住所　〒□□□-□□□□

b　お名前《ふりがな》

c　年齢(　　　)歳

d　性別　1男性　2女性

e　ご職業　1大学生　2高校生　3各種専門学校　4教職員　5公務員　6会社員(事務系)　7会社員(技術系)　8会社役員　9会社経営　10専門職　11研究職　12自由業　13サービス業　14自営業　15主婦　16フリーター　17その他(　　　)

f　本書をどこでお知りになりましたか。
1新聞広告　2雑誌広告　3「セオリー」の広告　4「セオリー」のweb　5新聞記事　6雑誌記事　7テレビ・ラジオ　8書店で見て　9webで見て　10人にすすめられて　11その他(　　　)

g　今後お読みになりたいテーマ・ジャンルをお教えください。

h　今後お読みになりたい執筆者名をお教えください。

郵便はがき

料金受取人払郵便

小石川局承認

1498

差出有効期間
平成21年10月
31日まで

112-8731

東京都文京区音羽二丁目
十二番二十一号

講談社
セオリープロジェクト　行

★この本についてお気づきの点、ご意見・ご感想などをお教えください。

（このハガキに記述していただく内容には、住所、氏名、年齢などの個人情報が含まれています。個人情報保護の観点から、ハガキは通常当編集部内のみで読ませていただきますが、この本の著者に回送することを許諾される場合は下記「許諾する」の欄を丸で囲んで下さい。

このハガキを著者に回送することを　許諾する　・　許諾しない　）

TY 000022-0710

12. 「現状分析して、問題点を見つけ出し、反省し、解決へ向かう」という従来の仕事の進め方は、あら捜しをして文句をつける拷問を誘う。「楽しくないから反省は一切禁止」「予算管理や目標進捗状況の把握はゲーム感覚で……」

13. 精密な計数管理をし、詳しく分析して現状把握をしたところで、やたらに忙しくなるばかりで、売り上げが増えるわけではない。むしろ経理処理は徹底的に手を抜いて、昔ながらの「どんぶり勘定」に戻せば、社員は暇になり楽しいことを企画するようになる。そのほうがはるかに売り上げが上がる。

14. 倒産の危機や病気は、「気づき」へつながるありがたい出来事だ。

15. 学ぶという作業は、知り、納得し、行動し、他に影響を与えて、ようやく完結する。

第6章　「アホ！」の真髄

本質は「アホ」に宿る

天外塾で、何の脈絡もなしに思いつく単語を並べて「ぐじゃぐじゃの質問」をしている人を外の人が見たら、どうしようもない「アホ」に見えるだろう。

逆に、しっかりした論旨で、理路整然たる質問をする人は、とても賢く映るだろう。すでに述べたように、天外塾ではアホな質問を歓迎する。古い脳から発信する、物事の本質が見えるからだ。

その物事の本質のことを、「プロセス指向心理学」という新しい心理学を提唱したアーノルド・ミンデルは「タオ（道）」と呼んだ。タオというのは、いにしえの中国の賢人、老子のことばだが、宇宙の秩序の本質、あるいは大自然の大きな流れを意味する。人はタオに沿って動けば、何事もスムースにうまくいく、というのが老子の教えだ。

タオが表に出てくるのは、人の精神状態の両極端においてである。ひとつは、瞑想に近いようなリラックスした状態のときだ。「アホ丸出し」がこれに相当する。

もうひとつは、怒りなどの激情にとらわれているときだ。プロセス指向心理学の中で、さまざまな深刻な紛争の解決を目的として集団でおこなう「ワールドワーク」では、紛争当事者たちの激情の中にタオを見出し、解決に導いてゆく。

逆に、冷静で理性的でまともな発言の中にはタオはあらわれない、とミンデルはいう。だから、いまの社会で求められているような理路整然たる話し合いをいくら続けても、紛争が解決されることはない。たとえ表面的な妥協をしても、無意識に抑圧されている根本要因はそのままだからだ。

理性的で理路整然たる発言をしているときは、前述のように大脳新皮質が活性化している。そのとき人は、装っている。自らを飾っており、他人の目を意識して、カッコつけて、賢く見えるように振る舞っている。また、鎧《よろい》を着て反撃を食わないように用心している。

人が、懸命に装っていると、タオは顔を出さない。顔を出すと装いがくずれてしまうのだ。人は装っている人の前に出ると、自分も装ってしまう。

かくして、理路整然たる議論の応酬は、空虚なよそゆきのことばのやり取りになるだけで、物事の本質にせまり、根本的な解決にせまってはいけない。いま、ほとんどの企業はそういう状態で運営されている。

正式な会議の場では、全員が装っているからタオは顔を出せない。空虚なことばのやり取りになることが多い。

それでも会社が回っていくのは、雑談や井戸端会議や酒の席でタオにもとづく本質的な議論がされているからだ。私たちの若いころは、コミュニケーションより、ノミニケーションが大切だ、とよくいわれていたが、深層心理学的にはまったく正しい。

いまから一五年ぐらい前、オフィスが禁煙になったころ、私は煙草喫《の》みたちが、やけに社内情報に詳しく、本質的な意見をいうことに気づいたことがある。理由はせまいケムリ部屋での雑談による情報交換だった。煙草を吸うというリラックスした状態で、煙とともにタオが出てくるのだ。

これは、ちょっと工夫すれば煙草喫みだけでなく、全社員に適用できる。ソファーとコーヒーベンダーを用意すればいいのだ。そこで息抜きをする人たちが、タオにあふれた雑談をするようになる。

よく就業時間中の雑談を禁じている企業があるが、これはまったくおろかなマネジメントだ。雑談の中に、真のコミュニケーションにとって最も大切なタオが出てくるのを知らないのだ。

引退前の一〇年間、私は週一回の運営会議を時間無制限のダラダラ会議にしていた。三〇分で終わる日もあれば、夜中まで続けることもある。仕事以外の話題も排除しない。早く終わるときは、表面的な情報伝達で終始しており、会議としては失敗だ。長い会議は、白熱した議論か楽しい雑談で盛り上がっており、タオにあふれている。

一般には、会議は要領よく時間どおりに進行させ、短時間に結論に導くのがよし、とされている。ところが、そういう会議はタオに欠けた無味乾燥な新皮質会議になる。

最近、「人間性経営学」のサンプルさがしで優良企業を調べていたら、私と同じように長時間のダラダラ会議を社の方針にしている企業が見つかった。

神奈川県茅ケ崎市のアルバックという会社だ。真空技術を使った液晶パネルの製造装置では、世界で九〇％以上のシェアを誇る超優良企業だ。年間売り上げは約二四〇〇億円、利益率七％、従業員一六〇〇人の中堅どころだ。

「会議はダラダラやるほうが効果がある」というのが中村久三会長の信念だ。主なルールは、「怒ってはいけない」「根に持たない」「自分のことは棚に上げてよい」の三つ。会議中は、会長から一般社員まで立場は平等だという。

愚者を装う「大将学」

さて、出路のように全社的に「ちょっとアホ！」を宣言することは、並の経営者ではできないが、それを実践すれば、全社的にタオがあふれてくることは間違いない。彼の会社の超V字回復は、それが上手に発揮された結果だろう。

逆に、全社員がカッコつけて、賢者のふりをしているような企業では、タオは表に出られない。会社外のノミニケーションなどで、かろうじて真のコミュニケーションは保たれるだろうが、誰もその実態に気づかないだろう。

企業のトップが、賢者のふりをしたら、全社員に「賢者病」が蔓延《まんえん》し、会社の中からタオが排除されていく。そういうトップは、表面的には自我が肥大して、自信マンマンに見えるかもしれないが、無意識レベルに抑圧されてシャドー化した劣等感が強く、その代償作用として賢者を装うのだ。

トップが、個人的にコンサルタントを雇ったら要注意だ。その情報を幹部社員に公開して、いっしょに考えようという姿勢のうちはまだよいが、個人で閉鎖的に用いるようだと最悪だ。心の中に、劣等感にもとづく自分と他人の戦いがあり、賢者を装う道具としてその情報を使おうとしているからだ。その会社の凋落《ちょうらく》は遠くないだろう。

逆に、「長老型マネジメント」の姿勢としては、「愚者のおおらかさ」を演出することだ［1］。要するに、出路のように「アホ」を装うのだ。

装ってはいけない、という主旨を前に書いたが、賢者、善人、仁徳者を装ってはいけないという意味だ。アホを装っても、まず害はない。臭い演技で、バレバレでもかまわない。誰も本気でアホとは思っていないからだ。

トップが愚者を装って、一段引いた立場をとることによって、全社員の自律をうながし、タオが引き出され、企業が活性化していくのだ。

これは、どうやら戦国時代の「大将学」の中にもあり、日本のマネジメントとして、長年にわたって脈々と流れてきた伝統のようだ。

前著［1］で、「長老型マネジメント」の例として、日露戦争における大山巌《おおやまいわお》の例を出したが、司馬遼太郎の『坂の上の雲』には次のような記述がある。

——薩摩には戦国からの伝統として大将になった場合の方法というものがあった。自分がいかに賢者であっても愚者の大らかさを演出演技するという一種魔術的な方法である。この方法ばかりは日本のどの旧藩にもなく、旧薩摩藩だけの伝統的な人間芸である。

大山の従兄である西郷隆盛は、同時代の薩摩人から、

「ウドサァ」

という愛称を受けていた。大男もしくは巨人という意味である。語源はよくわからないが、ウドの大木といわれるあのウドでないかとおもわれる。サァはいうまでもない。敬称のサンである。

薩摩にあっては総帥になるには「ウドサァ」にならねばならない。

しかし中身までがウドであるのはウドサァとはいわれない。西郷は若いころ地方事務所（郡方《こおりかた》）の会計係をつとめていて、武士にはめずらしくソロバン達者であった。西郷は同時代のどの志士よりも計数にあかるかったような形跡があるが、一度もそういう自分をみせたことがなかった。しかしながら幕末の煮えつまったころ、西郷はふところに小型ソロバンを入れていたことは、西郷の言いつけで横浜に武器を買いつけに行っていた大山巌が

もっともよく知っていた。

ウドサァになるための最大の資格は、もっとも有能な配下を抜擢《ばってき》してそれに仕事を自由にやらせ、最後の責任だけは自分がとるということであった——（『司馬遼太郎全集』）

トヨタのマネジメント

愚者を装う、ということは、ある程度人間ができていないと不可能だ。前述のように、劣等感や不安感が強いと、どうしても賢者を装わなくては生きていけない。

3章で述べたように、日本の伝統的なマネジメント学は、儒教や老荘思想の影響が強い。人の上に立つ者は人間性を磨かなければいけない、というのは日本ではあたり前の美学だった。

そうやって人間性を磨いてきた人は、安易にアメリカ流の合理主義経営や、成果主義に飛びついたりはしないだろう。それは、賢者を装った人による、安っぽい、表面的な経営になってしまうことが、ひと目で見抜けるからだ。

一九九〇年代に、自信を失った日本の経営者たちは、次々にアメリカ流合理主義経営を導入していった。そして、富士通やソニーなど、きわめて多くの会社が破綻に向かった。

その中にあって、微動だにせず伝統的な日本のマネジメント・スタイルを守り通した企業も何社かあった。そういう会社は、日本の産業界が総崩れの惨状の中でも好業績を保った。

トヨタ自動車は、そのような企業のひとつだ。よくよく調べてみると、トヨタのトップのマネジメント・スタイルには「長老型マネジメント」の片鱗《へんりん》が見られる。

以下、内部の証言を引用する（改田哲也〈トヨタ自動車（株）BR企業価値開発室室長〉、「トヨタを旅して、トヨタと旅して」、『熱風』、スタジオジブリ、二〇〇七年一月号）。

――（前略）しかし、今度は奥田新風がこの危機を救う。私自身が深くかかわったニュージェネレーション対策である。あのかたの迅速果敢な性格もあって、三ヵ月後には八提言をまとめて提案した。

われわれ若輩者の話を聞いた彼の口からは、「半分もわからんなあ。ちょうどいい。俺が全部わかるようならやらんほうがいい。これで行こう」とのGOサインがでた。

さらに当時の会長豊田さんの一言は予想もしない次のものだった。「何でこんなことを会社一の年寄りなんかに説明するんだ。俺が若かったころは、こういうことは年寄りの目を盗んで勝手にやったんだ。この会社はそんなこともできなくなったのか」と。（後略）

――

この中で、奥田社長の「半分もわからんなあ」というコメントが、愚者としての演出だ。また、豊田会長の「そんなことは年寄りに相談せずに勝手にやれ」というのは、「長老型マネジメント」の香りがする。

トヨタ自動車が、全社をあげて「長老型マネジメント」を徹底しているとはとても考えられないが、トップの言動にその片鱗が見られるということに、あれだけの規模になっても組織が活性化している秘密が隠されている。

いまや、世界中の多くの企業が、トヨタの「カンバン（Just In Time）方式」を導入している。ところが、必ずしもうまく運用できない企業が多い。

トヨタの人にいわせると、トヨタでは入社時から徹底的に自律的にドンドン動くことをトレーニングする。それが徹底されていない企業では「カンバン方式」はうまく機能しないかもしれない、という。

「人間性経営学」の最大のポイントは、現場を徹底的に信頼して権限を委譲することだ。それは、程度の差はあるものの、伝統的な日本の企業ではごく自然に実施されてきたことなのだ。

上司に不満を持つ部下は多い。何かちぐはぐなことが起きたとき、「ひと言いってくれたらよかったのに！」とか、「あのぐらい当然予測できたはずなのにね！」といった想いを人々は抱く。多くの場合、それは酒の席のうさばらしになる。

その中には、もちろん妥当なコメントもあるのだが、ときには並の人間にはとてもできそうもない予測を上司に期待している部下もいる。後から振り返ったとき、人はとかく結果論で発想してしまい、当時の状況で予測がどのぐらい困難だったかは想像できないからだ。

上司は常に部下の過剰な期待にさらされる。三〇〇人の部下がいたら、その一人ひとりは上司から見れば三〇〇分の一だが、部下から見れば上司とは一対一だ。

部下の過剰な期待は常に裏切られる運命にあるのだが、上司が賢者を装っているとそれは増幅される。

つまり、賢いふりをして、自分を権威づけようという努力はまったく空しく、そんな化けの皮はすぐはがれてしまうし、常に過剰な期待を寄せる部下の理不尽な反撥《はんぱつ》が強くなって、職場のムードは悪くなる。

つまり、単にタオが見えなくなるだけでなく、上司が賢者を装っている職場は、人の心がギスギスしてしまい、まともな職務遂行ができなくなる。

企業トップが愛嬌がなく、権威を振りかざし、賢者を装ってしまうと最悪だ。

マネジメントは、アホに限る！

第7章　「楽しい！」の真髄

ＩＴ信仰は陰謀？

出路がさまざまな経営学を実践して、苦しみもがいていた時期、当然のことながら、タオがまったく顔を出さないような会議を猛烈な勢いでやっていた。

ちょうどさまざまな経営分析が可能な、精密な経理システムが完成しており、それぞれの店舗の経営に関する膨大なデータが手許に集まるようになっていた。出路は必死にそのデータを読み解き、成績の悪い店の経営を分析し、欠点を指摘し、改善のための方策を指示する、といった会議を毎月開催していた。

欠点の指摘は、次第にアラ探しの様相を見せるようになり、店長は言い訳と反省の弁を準備するのに膨大な時間を費やすようになった。当然のことながら、これはスタッフにとっては拷問のようなものになる。会議はドンヨリと重苦しく、暗いムードが支配するようになっていった。

出路は、直感的に「何か違うな！」とは感じていたが、習い覚えた経営学を忠実に実行することが経営者の進むべき道だと、新皮質的に確信していたので、より詳細なアラ探しにせっせと精を出していった。結果的にそれは、転落への道だった。


いま、ほとんどの企業でこういう会議をやっていないだろうか。月に一度の経営会議で、成績が悪い事業ユニットは徹底的に追及される。あらゆる欠点を指摘され、罵倒《ばとう》され、さらし者になるのだ。事業部長のストレスは大変なものだ。

言語能力が高く、アラ探しの上手なトップが、「さすが鋭い」と称讃され、名経営者とみなされる。事業部長も言語能力が高く、言い訳に優れた人が優秀だとみなされる。すべてが新皮質の営みだけで完結してしまうのだ。

だから、企業経営の本質にはなかなか切り込んではいけない。

ビジネスというのは必ず波がある。呼吸をしている、といってもいいだろう。商品やサービスが当たって、すごく利益が出る時期と、端境期や投資のため谷間に落ち込んで、苦しみもがく時期が交互にやってくる。じつは、その苦しみもがく時期に次の絶頂期の準備が進むわけであり、最も大切なときなのだ。

それを、会議でアラ探しをされ、袋叩きになり、火だるまになってしまうと、最も大切な時期に必要なアクションが取れなくなってしまう。あたふたと小手先の数字を改善するための姑息《こそく》なマネジメントで精一杯になってしまうのだ。

とくに、新規ビジネスの立ち上げでは、これは致命的だ。少しの赤字でいちいち火だるまになっていては、担当者のマインドは社内対策ばかりに気を取られてしまい、立ち上げるべきビジネスもつぶされてしまう。

大企業の本来のメリットは、個々のビジネスの呼吸、山や谷を大らかに包み込んで、全体として安定した経営ができることだろう。ところが、情報システムが発達して個々のビジネスごとのデータが詳細に把握できるようになると、その大らかさは失われていった。

もう二五年も前の話だが、ソニーのコンスーマ関連のビジネスが軒並み大赤字になり、ソニー全体を放送局向けの業務用機器のビジネスが支えたことがあった。ところが、その放送局用機器のビジネスは、その前一五年以上にわたって赤字をタレ流した末に立ち上がってきたのだ。

今日では、これは不可能だろう。三年も赤字が続けば袋叩きにあって撤退せざるを得ない。

いま、「精密な情報システムを導入することが近代経営の要」、あるいは、「IT化が経営効率を改善する」という標語を、ほとんど全員が信じて疑わない。「IT信仰」といってもいいだろう。

バレンタイン・デーに大量のチョコレートが消費されるのが、チョコレート業界の陰謀だったように、私は、いまの世の中の「IT信仰」はコンピュータ業界の陰謀ではないかと疑っている。

じつは、私自身がソニーのコンピュータ・ビジネスの責任者を八年間務め、その陰謀に加担してきたので、その反省を込めていま書いている。

たしかに、IT化により効率は上がるのだが、それと情報システム構築やシステム要員の費用、煩雑な入力作業、さらには管理が精密化したがための大らかさの喪失など間接的なデメリットを比較したとき、はたしてIT化が企業経営にプラスに貢献しているかどうか、もう一度よく考えたほうがいいだろう。

「どんぶり勘定」で売り上げ急増

「人間性経営学」を実施している企業のうち何社かは、「ＩＴ信仰」の一般常識に果敢に挑戦している。

15章で詳しく紹介する、ブラジルのセムコ社では、コンピュータそのものを撤廃し、昔ながらの手書き伝票処理にいったんは戻してしまった。

さすがの私も、これはちょっと行き過ぎではないかと感じるが、ショック療法としてはいいかもしれない。

開き直った後の出路も、精密な経理システムを廃止し、昔やっていたような「どんぶり勘定」に戻してしまった。詳細な数値的な経営分析が、いっこうに経営改善につながらなかったことと、データ入力に多大な労力を取られることに嫌気がさしたのだ。

――精密な計数管理をし、詳しく分析して現状把握をしたところで、やたらに忙しくなるばかりで、売り上げが増えるわけではない。むしろ経理処理は徹底的に手を抜いて、昔ながらの「どんぶり勘定」に戻せば、社員は暇になり楽しいことを企画するようになる。そ

のほうがはるかに売り上げが上がる――（出路の経営学の要点No.13）

出路は、情報システムや詳細な分析が、決して売り上げにつながっていないという、企業経営の根本原理に気づいたのだ。むしろ、情報システムを使いこなすために、多大な労力をとられている。いわば情報システムに社員が使われ、振り回されていたのだ。

たとえ経理が、前近代的な「どんぶり勘定」でも、売り上げが増えれば業績は上向く。

事実、創業期はそうやって伸びてきた、と出路は思った。

それでは、どうしたら売り上げが伸びるだろうか。すでに述べたように、やはり創業期をヒントとして出路は「楽しい」という一点に絞り込んだ。

――企業経営でもっとも大切なことは、まず自分が楽しいこと。次に仲間やお客さんが楽しいこと。人を喜ばせることは、本質的に楽しいことだ――（出路の経営学の要点No.1）

経営はゲーム感覚で

じつは、「楽しい」という感情は、人間の古い脳に属する大脳辺縁系というところが司っている。つまり、楽しいことをやっているときには、必ず古い脳が活性化しており、「フロー」に入りやすくなっているのだ。

出路が発見したことは、「フロー経営」の基本だ。仕事の中に喜びを見出せなかった人が、いい仕事をするわけはない。

出路は、会議のやり方を全面的に変えた。社員を拷問のように吊るし上げていた会議をやめ、一切の反省を禁止した。反省や言い訳はいうほうも聞くほうも楽しくないし、だいいちそんなことで売り上げが上がるわけではない。

ガルウェイも、「インナーワーク」で同じことをいっている。反省というのはセルフ1の得意技であり、セルフ2を抑圧し、萎縮させる結果につながる。つまり、「フロー」とは対極にあるのだ。

――「現状分析して、問題点を見つけ出し、反省し、解決へ向かう」という従来の仕事の

進め方は、あら捜しをして文句をつける拷問を誘う。「楽しくないから反省は一切禁止」「予算管理や目標進捗状況の把握はゲーム感覚で……」――（出路の経営学の要点No.12）

このゲーム感覚というのがミソだろう。経営するからには、予算管理や目標進捗状況の把握は必要だ。ただ、それをクソ真面目にやったのでは面白くない。遊び心あふれるゲームにしてしまえば楽しくなる。辺縁系が活性化してくるのだ。

出路のユニークなところは、彼の経営スタイル全般を「ちょっとアホ！」というキャッチコピーでまとめたことだ。前章で述べたように、「アホ」には物事の本質にせまる力が秘められている。

――「ちょっとアホ！」に徹して、遊び心、いたずら魂を発揮することが大切――（出路の経営学の要点No.３）

第8章　破綻を誘う経営学

ソニー転落への道のり

2章では、経営学は役に立たないという趣旨を述べたが、本章のタイトルは、それよりいささか過激だ。

5章では、出路が世の中で提唱されている経営学やマーケティング手法を懸命に学んで片っ端から導入したが、結果的にはすべて裏切られて、会社が破綻に向かったことを紹介した。

じつはこれは、特殊な例ではない。きわめて一般的な傾向なのだ。15章で詳述するブラジルのセムコ社でも似たようなことが起こっている。

ソニーも、一九九〇年代の半ばから、猛烈な勢いでさまざまな経営手法を導入してきた。当初はジャック・ウェルチを追っかけていたので、彼の「シックス・シグマ」とか、「EVA（経済付加価値）」などといった経営手法を熱心に導入した。さらには、大々的に成果主義を取り入れ、事業部や個人に対する精密な評価システムを入れた。そのたびに、各手法を専門とするコンサルタント会社に、莫大な報酬を支払ってきた。それで、結果はどうなったか！

二〇〇三年四月には、ソニーショックと呼ばれる衝撃が走り、ソニーのみならず日本中の株が暴落してしまった。

コンサルタント会社へ支払った報酬は、破綻への報酬だったのだ。

その経緯は、出路がたどった転落への道のりと寸分たがわない。

そのころは、「日本の企業の経営は遅れており、アメリカ流の合理主義経営学を導入して近代化をはからないと、世界では通用しない」というのが一般常識であり、ほとんどの人が信じて疑わなかった。私自身も例外ではない。

したがって、合理主義経営学を導入するたびに社内のムードが暗くなり、心身に異状をきたす従業員が増え、業績が下がっていく現状を、私は内部から観察する立場にあったのだが、正直いって何が起こっているのかさっぱりわからなかった。

何年か必死に考え、チクセントミハイの「フロー理論」との劇的な出会いや、ガルウェイの「インナーワーク」の助けを借りて、ようやく原因を読み解くことができた。その経緯は、前著［1］に詳しく書いた。

そして生まれたのが「人間性経営学」だ。

つまり、奇しくも出路と私は同じ道筋をたどってきたのだ。合理主義経営学を厳密に導入して破綻に向かっている地獄の苦しみの中から、それと正反対の新しい方向性を発見したのだ。

出路は、それを自らが実践し、超V字回復へつなげていった。私は引退したので、自社の回復には貢献できなかったが、創業者の井深大氏のフィロソフィーの再発見を通じて、こうして一般論として世に問うことができた。

両者の経営フィロソフィーが瓜二つなのは、発見への道筋が似通っているからだろう。

「フロー」研究の先駆者

2章では、経営学をお勉強して新皮質を活性化させ、古い脳を抑圧した状態で実務に取り組むと、確実に失敗につながるという原理を述べた。

これは私が勝手に考えているのではなく、4章で述べたガルウェイの「インナーワーク」の三〇年以上に及ぶ実績で証明されている。

スポーツの世界では、その原理を知らない人でも、本能的にセルフ2（古い脳）の活性化ができる人が多い。そうしないと、試合には勝てないからだ。

この原理は人間活動のあらゆる局面できわめて重要であり、今後はスポーツ以外の分野への応用も、急速に進んでいくと思われる。

ごく最近、私はこの原理を教育学に応用し、『教育の完全自由化宣言！』[2]という本を書いた。この中で提唱している教育学を、本書と同じく「人間性」を冠して「人間性教育学」と名づけた。

教育学の分野では、心ある教育者の提唱している教育学には、明示的には表現していなくても、この原理をしっかりと踏まえて構築されたものが多い。チクセントミハイが「フロー」の研究に着手する五〇年も前に、「フローの重要性」を中心にした教育学が提唱されている。

私の説だけが、他から浮き上がっているわけではないのだ。

大問題なのは、いまの日本の公教育が、それらの一連の優れた教育学とはまったく違っており、新皮質中心に展開されていることだ［2］。

経営学は後追いでしかない

企業経営の分野で、1章で述べた新しい潮流を実践している革新的な経営者たちは、この原理を肌で感じていると思われる。11章で紹介するように、それを研究する経営学者も最近ちらほら出はじめてきた。経営学というのは必ず後追いであり、実践が先にある。

新しい方向性は、出路のように、現場の泥沼の中から生まれてくるのだ。

フォロワーは、現場で苦労をしているフロントランナーから直接指導を受けるのではなく、間に経営学者やコンサルタントが必ず介入する。

そのフォロワーが破綻していく様子をマンガチックにまとめたのが、図1だ。

まず、フロントランナーの視線は現場を向いている。現場のドロドロした営みの中にタオを発見し、「こうやればうまくいきそうだぞ！」という手法を実践に移す。せりふの吹き出しの中にランプが光っているのは、それがひらめきであり、直感であり、わくわくした感覚の中から出てくることを象徴している。

したがって、フロントランナーは必ず古い脳（今後は、より具体的に「大脳辺縁系」と

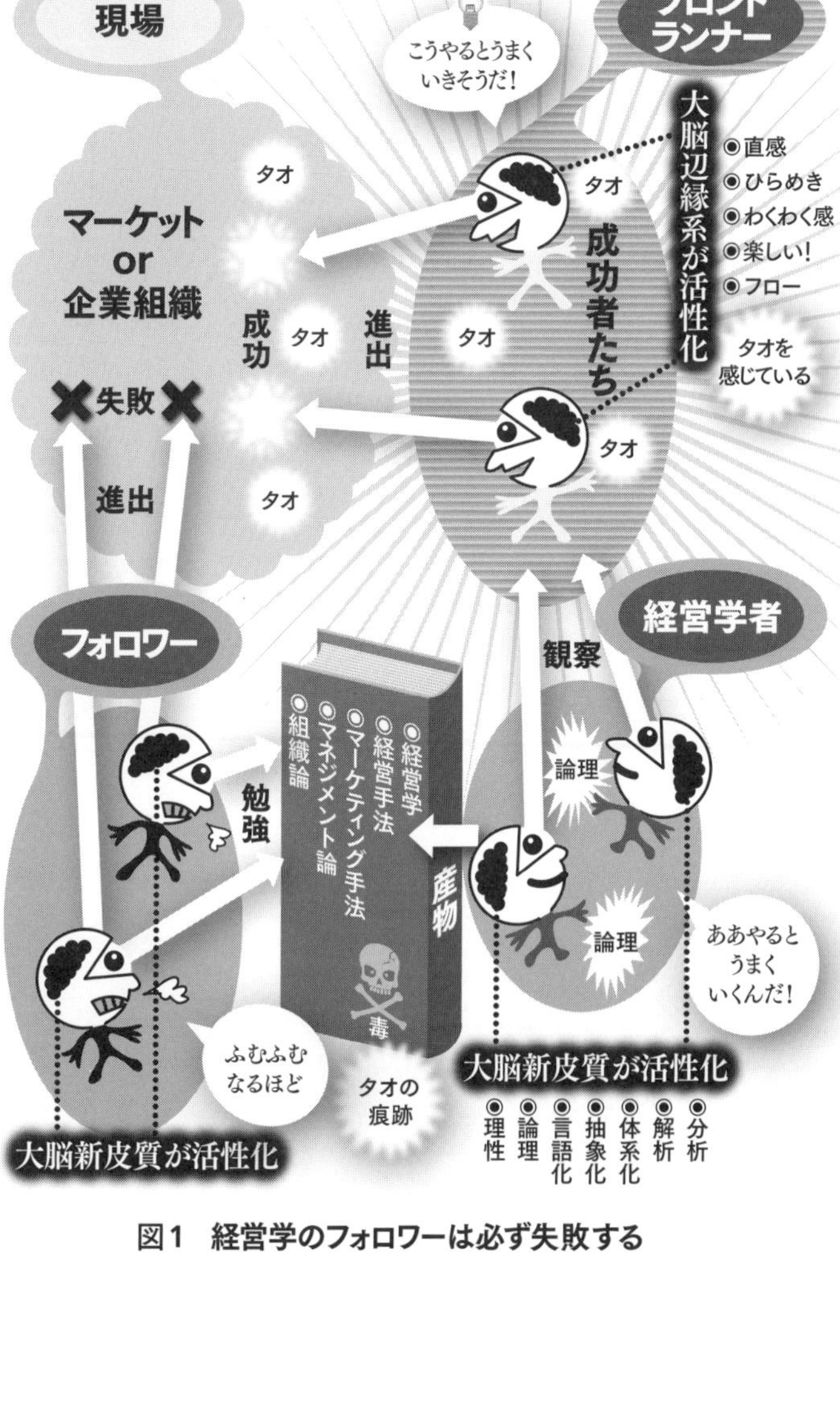

図1　経営学のフォロワーは必ず失敗する

呼ぶことにする）が活性化している。

一方、経営学者たちの視線はフロントランナーのほうを向いている。彼らがどうして成功したかを論理的に分析しようとする。ときには複数の成功者の共通点を抽出し、成功要因を抽象化し、体系化する。そのときのせりふは、「ああやるとうまくいくんだ！」という論理的納得をあらわしている。

したがって、経営学者たちは大脳新皮質が活性化している。

経営学者たちの産物（出力）が、経営学、経営手法、マーケティング手法、マネジメント論、組織論などだ。それらは例外なく、言語を用いて論理的に記述されている。

したがって、その中にはタオはない。

もちろん、成功体験が出発点なので、タオの痕跡は残っている。しかしながら、それは生々しいタオそのものではない。

多くの人が、タオの痕跡と、タオそのものを混同している。

これは、化石と生きている動物を混同しているようなものだ。

熟達した古生物学者だったら、化石をひと目見ただけで、それを残したはるか昔の動物が野原を動き回っている姿を、ありありと想像することができるだろう。その動物の息遣い、眼光、におい、発する圧迫感、ときには鋭い爪や牙で襲いかかってくる恐怖などを、肌で感じることも可能だろう。

しかしながら、タオの痕跡を文章で読んで、生々しいタオを肌で感じることができる人は、多くはいない。

フォロワーの視線は、経営学や手法に向いてしまっており、大脳新皮質が活性化し、辺縁系を抑圧している。その状態では、現場のタオは見えるものではない。

だから、経営学を熱心に勉強して、すさまじい努力で実践する企業が、軒並み破綻へ向かってしまうのだ。出路がそうだったし、ソニーもそうだった。

繰り返しになるが、破綻の要因は二つある。ひとつは活性化する脳の部位、もうひとつは視線の問題だ。

ごくまれには、経営学を勉強して、それを実践して成功する人も、もちろんいる。そういう人は、例外なくタオの痕跡から生々しいタオを感じることのできる人だ。そして、自分が直面する現場をしっかり見つめ、その中にタオを発見し、痕跡から感じとったタオを応用できる人だ。

［2］

——思考というのは、死せる自然と結びつくプロセス——

（ルドルフ・シュタイナー）

◉「天外塾」実況中継1（アルマック本社、二〇〇七年四月二七日）

塾生A　さっきね、休憩のときにテニスプレーヤーのBさんと話してたんですけど……。初心者が上達するときには、セルフ2中心にやったほうが、たしかに早い。それはあるよねって。でも、感覚だけに頼っていると、伸びが止まっちゃうこともある。つまり、セルフ2が万能ではないんじゃないか……。そのとき、テニスならテニス理論、サッカーならサッカー理論を外部から教えられるということがないと、そこから先には行けないんですけど……それってセルフ1ですよね。ですから、セルフ1が絶対にいけないかというとそうでもないんじゃないか……。セルフ2とセルフ1を、ですからどの段階でどう扱ったらいいのか……何かセルフ1を悪者にしちゃったらいけないいんじゃないかってね……なんか、まとまらないいんですけど……すいません。

天外　いやいや、まとまってないの大歓迎ですので……すごく良い質問で……。あの、僕の本でも、ガルウェイの本でも、セルフ1とか新皮質が邪魔をする、というところに焦点をあてて書いているからね……どうしてもセルフ1を悪者みたいに書いている。でも人間、セルフ1が働いてなかったら生きていけないですよね。新皮質がなかったら動物になっちゃう。だから、セルフ1はすごく重要なんだけど、重要なんだけど、ときに邪魔することもある。邪魔するときに、いかに邪魔させないようにするか、というのがガルウェイの方法論で……だから本当はバランスの問題なんだけど……読者は邪魔するってことを知らないと思うから、どうしてもそこを強調するわけ……。

でも試合のときにね、Bさんのようなランキング・プレーヤーじゃなくても、私のようなアマチュアでも一応作戦は考えるもんね。試合前のラリーで相手を観察して、あ、バックが苦手そうだから、バックにボールを集めようとかね。それって明らかにセルフ1だよね。それをしないと僕らのレベルでも、やっぱり試合に勝てない。

だからガルウェイが有名になって、コーチングが大流行して、僕なんかがそれに悪乗りして本を書いて……でも、本当のことをいうと、それはあるひとつの局面の話であって、それだけで何もかも、全部を説明するのは無理かもしれない。

だけども、セルフ1が邪魔するってのは事実だし、それはみんなの常識の外にあるから、それを知らせるのは重要なわけ。本を書くときには、どうしても、これでもかっ！　て強調するもんだから……セルフ1も重要、セルフ2も重要、これはそのバランスの問題で、なんて書いてもインパクトないしね……。僕は本を書いた後、いつも自己嫌悪に陥るんですよ……またウソ書いちゃったってね。まあ、ウソじゃないんだけど、自分では本当だと信じてることを、ウンウン苦しんでことばを選んで、夢中で書いていくんだね。書き上がってしばらくしてその熱気がさめたころに、出版社からテスト刷りが送られてくる。それを冷静になってもう一度読むと、何か違うわけ。心の中にあるものとね。論理的にまともな筋道を立てて、文章にしていくと、どんどんその論理がひとり歩きして何か違ってっちゃうんだよね。前に話した、タオが抜けるってやつ……。

それから、書き終わったとたんに、あれが書けてない、これが書けてないってのが、ワーッと山のように押しよせてくるんだよね。これ（『マネジメント革命』[1]）を書き上げたときも、長老型マネジメントのもとで、フローに入って、燃える集団になって、すばらしい仕事をする。でも、はたして、それだけ書けばいいのかってね……。逆に、これは『人材は「不良社員《ハミダシ》」からさがせ』（講談社）では書いたんだけど、とんでもなくひどいマネジメントの下で、塗炭の苦しみを味わうことも大切なんじゃないかってね。CDのときも、NEWSのときも、ひどい状態でもがいて、すごいマイナス査定を受けて、不良社員化しているのを引っ張りだしてきてね。ポンと仕事をまかしたらうまくいった。その反動で「燃える集団」ができた。明らかに、彼らの塗炭の苦しみがバネになっている。だから、ひどいマネージャーも本当は必要なわけ。その下で苦しめといて、急に解放するから力を発揮する（笑）。そのために会社は、ひどいのを高給を出してたくさん雇っている（笑）。ちょっと雇いすぎだけどね（笑）……。

だから、長老型マネジメントがいいよってのがこの本［1］なんだけど、ほんとにそれだけでいいのって気持ちもあるわけ。ひどいマネジメントの下で不良社員になった時期もとても大切だと……。でも、それを人為的にやっても絶対にうまくいかないね。作為が入るとおかしくなっちゃう。何か運命の糸にあやつられてってね。それがキーだと思う。まあ、運命の話は別にやるけど、まあ、このへんの微妙な話は本には書けないよね。ストーリーになんないもの……。

さっき、感覚だけに頼っていると伸びが止まっちゃうって話があったけど、スポーツでもスランプってのがあるよね。頭打ちになって苦しんで……そのスランプの時期に、逃げないでうんと苦しまないと次の飛躍がない。スランプもとても大切なんだと思う。たぶん、ダメ上司の下で苦しむってのと同じじゃないかな……。あ、それから、いずれ「死の経営」の話をするけど、人間は「死」に直面しないと脱皮できないんだよね。意識が変容しない。もちろん死というのは象徴的な話で、心理学的には、倒産とか離婚とか引退なんかは、疑似的な死になるわけ。だから、倒産の危機に直面すると企業は突然変容して飛躍することがあるんだよね。これも人為的にやるわけにはいかず、やはり運命の流れに乗ってってことになるけど、これが「死の経営」。つまり「飛躍の経営」ってのは「死の経営」になる。すごく不安定な経営になる。

だから飛躍するためには、本当は疑似的な死の体験もすごく重要なんだけど、この本では触れていない。いまだに、どう書いていいのかわからない。

このへんの話は、修羅場をくぐってこられた岡田監督のコメントがほしいとこだけど、いかがですか。

岡田武史　いや、もう、そのとおりと思いますよ。監督の仕事ってのは、決断することなんですよ。一応論理的に考えるんですよ。敵がこう来たら、こうだと。セルフ1を使ってね。頭の中でシミュレーションするんですけど、考えても答えはない。どうしたら勝つかはわからないわけです。その答えのないことを決断しないといけない。これはもう、メチャクチャ怖いんですよね。これがワールドカップに出るかどうかという場面だったら、コーチを呼んで聞くんですけど、多数決というわけにはいかない。最後は自分の感覚なんです。直感、勘なんですね。

でも、結論を勘で出すからといって、論理的に考えないで、最初から最後までヤマ勘でやる人は、なんかうまくいってないですよ。それから、論理的に考えて、考えて最後まで論理的な人、つまり、最後にエイヤーと勘に明けわたすことができない人もやっぱりダメ。

だから、まずはセルフ1を使って、とことん論理的に考え抜いて、いろんなシミュレーションをやって、最後の最後に新皮質を取り除いて、セルフ2に明けわたす。

その最後のところで、まだああだこうだと考えていると決断は当たらない。何かこう、すーっと純粋になって、素《す》になれたときの決断がいいんですね。

それができるかどうかってのは、僕は、開き直りきれるかどうかだって言ってるんですけど……。どん底を知っているかどうか。どん底を知っていると開き直れるんですよ。僕はその、九八年のワールドカップの予選のときに、すごいプレッシャーでやってたんですよ。脅迫状は来るし、家にもいろんな人が来る。家の前をパトカーが守ってて、子どもの学校の送り迎えもやってくれる。危険だというので……。

そういう中で、もう耐え切れないというところまでいった。負けたらもう、日本には住めない、とカミさんに話してたんですよ。そのときにね。なんか最後の試合の前に、ポンとスイッチが入った。開き直ったんです。なにやってんだ。俺に日本のサッカーの将来を背負えって、そら無理やって……。俺は自分のベストを尽くすだけやと。それでダメだったら俺のせいちゃうと。俺を選んだ会長のせいや。あいつのせいやと。

いやホントなんですよ。そう思った瞬間にね。怖いもんなくなったんですよ。完全に開き直ってね。できることやるだけやと。あのどん底のおかげでなんか開き直れた。開き直るとセルフ2が出てくるのかな。よくわからないけど。でもその前の段階では、やはりセルフ1も大切で……。いま、セルフ2で話しているから、うまく話せないけど……。

天外　はい、ありがとうございました。なんかこう、Aさんの質問からすごい展開になったね。質問の中にタオがあったんだよ、たぶん。あ、もともとはBさんのコメントからだっけ……Bさんなんかひと言……。

塾生B　いや、その、セルフ1とセルフ2が両方必要だってことはよくわかりました。脱皮するって話も腑に落ちたし、いまの岡田監督のお話で、どん底を経験した後で最後に開き直るってのは、その脱皮する瞬間かなって感じで、僕の中で全部つながって、すごく腑に落ちました。

第9章　「老子」再発見

「長老型マネジメント」のルーツ

前著『マネジメント革命』〔1〕が出版されてから、きわめて多くのお手紙やメールをいただいた。多くは称讃と共感であり、本の内容とご自身の体験や思っておられたことがよく一致しているという感想だった。

なかには、内容に関しての鋭いご指摘もあった。ありがたいことだ。

ひとつは、私が書いたような、いまの一般常識をはるかに超えた、きわめて突飛な経営は単なる夢物語ではなく、すでに実践している企業が、世界中に結構あるよ、というご指摘だ。

私は、創業期のソニーと、創業者の井深大氏をはじめとする何人かの優れた上司のマネジメント・スタイルだけを参照して、前著を書き上げた。ところが、どうやらこれは、そんなローカルな話ではなく、まだ数は少ないものの世界中で勃興しており、１章で述べたように二一世紀の企業経営の新しい潮流になりそうなのだ。その気づきは、本書の中心課題のひとつになった。

これに関しては、11章以降で触れる。

もうひとつのご指摘は、「長老型マネジメント」は、老子の教えそのものであり、『道徳経』を参考文献に含めていないのはけしからん、というお叱りだった。

うかつなことに私は、この齢になるまで、まともに老子を勉強したことがなかった。

読んで驚いた［5］。

本当にそうなのだ。

前著で、「これは、決して新しい経営学ではなく、日本の伝統的な組織マネジメントの真髄だ」と書いた。司馬遼太郎は、それが戦国時代からの伝統の大将学だ、と書いている。

それもそのはずだ。

昔の武将にとって、儒教や老荘思想は、必須の教養であり、それを大将学として実践していたのだ。それが日本の伝統として脈々と受け継がれてきたのだろう。

何のことはない。

いまから、二〇〇〇年以上も前の中国の春秋戦国時代の思想が、この二一世紀の近代文明の時代に、新しい企業経営の潮流として、世界中で復活しようとしているのだ。

よくよく考えてみれば、私の「長老型マネジメント」という命名のルーツは、6章で述べた「ワールドワーク」のファシリテーター（進行を促す人）に必要な資質を、ミンデルがアメリカ・インディアンの長老の資質の中に見出したことが下敷きになっている[1]。

ミンデルの「プロセス指向心理学」は、ユング心理学と老子の思想を統合したものだ。つまり、その命名のルーツをたどれば、「長老型マネジメント」が老子の思想そのものだったというのは、いわばあたり前の話だったのだ。

私は、ソニー凋落の塗炭の苦しみの中から、「人間性経営学」を、自分で樹立したと信じていた。ところが、その実態は井深氏などの言動の中に流れていた老子の思想の再発見にしかすぎなかったのだ。

私は早速、「人間性経営学セミナー」の企画書に、『道徳経』の文章のいくつかを取り入れた。

以下にそれを示す。勝手ながら語句を少し変えさせていただいた（かっこ内に出典［5］を示す）。また、原典の漢文も併記し、企業経営に即した私独自のつたない解釈も加えた。

ことばは本質ではない

――語りうるタオ「道」は、タオ「道」そのものではない。名づけうる名は名そのものではない。名づけえないものが天地の始まりであり、名づけうるものは万物の母である（道可レ道非二常道一。名可レ名、非二常名一。無レ名天地之始、有レ名萬物之母。）――（『道徳経』第一章）

すでに何度も述べているように、ものごとの本質であり、真髄であるタオはことばでは表現できない。「これがタオだ」と名づけたとたんに、それはタオではなくなり、タオの痕跡になってしまう（8章）。

宇宙の根源的ないとなみは、ことばで名づけられるようなものではなく、そこから名づけることのできる万物の母が分岐してくる。

――賢者は干渉しないでものごとを扱い、ことばを用いないで教えを浸透させる（言葉のない教えをする）（是聖人処二無為之事一、行二不言之教一。）――（『道徳経』第二章）

「長老型マネジメント」というのは、なるべくことばによる指示・命令をせずに、現場にデシジョンをまかせる。自分はなるべく動かず、ひたすら「ただ存在する」ことに徹し、現場の自律的な動きに干渉しない。

マネジメントの全面的な信頼を受けて、組織は燃え、すさまじい勢いで活性化する。指示・命令をせず、干渉もしないで、ただ存在しているだけにもかかわらず、組織はいつの間にかマネジメントが心の底に描いている方向に向かって全力疾走している。

つまり、従来の合理主義経営が「Doing（行動）」によるマネジメントだったのに対して、「長老型」は「Being（存在）」のマネジメントになる。

知識と欲望を手放す

――賢者は人々の心をくつろがせ、腹をしっかり固めさせ、志を弱めてやり、骨（身体）を強くさせて人々を導く。彼は人々を知識も欲望もない状態にする（是以聖人之治、虚㆓其心㆒、実㆓其腹㆒、弱㆓其志㆒、強㆓其骨㆒。常使㆓民無知無欲㆒。）――（『道徳経』第三章）

「心をくつろがせ」というのは、すべての基本だ。人はリラックスしていないと、その場に存在するタオを感じることはできず、自分の内側に存在するタオを表出することもできず、直感をうまく使うこともできない。

原文では「虚」という字が使われており、「天外塾」実況中継１で岡田監督が、最終的な決断をするときに「素《す》」の状態が必要だ、といっているのと同じ意味だろう。

その次の、「実㆓其腹㆒」というのは、「飯をたっぷり食う」、と解釈している人もいる。

しかしながら、「心を虚にして、腹を実にする」、と対になっており、私は精神的なことを説いていると思う。

日本でも中国でも、「腹」というのは、胆力、度量といった意味あいがあり、また本心とか深いところに存在する精神や気力をあらわすことがある。

つまり、「心を虚にして、腹を実にする」というのは、大脳新皮質の働きを弱め、古い脳を活性化する、あるいは、セルフ1の支配を脱し、セルフ2にゆだねる、というのと同じ意味なのではなかろうか。

その次の「弱二其志一、強二其骨一＝その志を弱め、その骨を強くする」というのは、解釈がとても難しい。

出典［5］では、志をそのままにして、骨を身体と解釈している。人によっては、志を「野心」と解釈している。

いまの日本の常識では、ものごとを成し遂げようとするとき、「志」をしっかり持つことが大切だ、と信じられている。したがって、志を弱くするように指導する、ということはしっくりこない。

しかしながら、老子の思想は基本的に、宇宙の根底を滔々《とうとう》と流れるタオをしっかり見つめ、それに沿って生きることを説いている。

つまり、人間が「ああしたい、こうしたい」と頭で考えることは、タオの流れに逆らっており、むしろそういう志を捨てて、一切のコントロールを放棄することを教えているのだ。

したがって、志ということばのかわりに、自らのエゴを出発点とする、野心とか執着といったことばをあてはめたほうが、納得しやすいかもしれない。

次の「骨を強くする」というのは、たしかに身体を強くする、とも解釈できる。しかしながら、その前がすべて精神的なことを説いているとすれば、これもその一部とも考えられる。

骨には「土性骨」や「気骨」という表現があるように、人の根本的な性質や性根、気概、困難に堪える力、などといったニュアンスを含んでいる。

つまり、「志を弱め、骨を強くする」というのは、「野心や執着を弱め、気概をしっかり持つ」、とも解釈できる。

その次の「知識がない状態にする（無知）」というのは、「なんで？」という疑問がわくだろう。一般には物事をうまく運ぶためには、知識が大切だと信じられているからだ。

ところが、8章で述べたように、懸命に経営学を勉強すると、視線はそちらを向いてしまい、現場のタオが見えなくなる、という傾向がある。知識や枠組みは、表面的には理解を助けるという一面もあるが、その反面、より深いところで、人を物事の本質から遠ざける作用もあるのだ。

大脳辺縁系やセルフ2が活性化し、勘が冴えた状態にするためには、知識を手放した、まっさらな状態が望ましいのだ。

もうひとつの「欲望もない状態にする（無欲）」というのは、すこし解説が必要だろう。

一般に、食欲や性欲などの原初的な欲望は、古い脳からわき上がってくる。

ところが人間は、それとはまったく違う種類の欲望に、常に振り回された人生をおくっている。金、地位、名誉などに対する欲望や、マイホームが欲しい、といった願いがそうだ。

私は、それらをまとめて「エゴから出た目的意識」と呼んでいる。こちらの欲望は新皮質が主として司っており、タオの天敵だ。

辺縁系から出てくる「内発的動機」を感じるためには、これらの欲望の支配から逃れられなくてはいけない。自らの内発的動機をしっかりと把握し、それに忠実に行動することにより、人は「フロー」に入っていくのだ［1］。

統制はタオの天敵

——最上の指導者は誰にも知られない（誰も知らない）。その次の指導者は人々に親近感があり、ほめたたえられる。その次の者は人々に畏れられる。最下等の指導者は人々に軽蔑される（大上下知レ有之。其次親レ而誉レ之。其次畏レ之。其次侮レ之。）——（『道徳経』第十七章）

一般に人は、自己顕示欲が強い。他人に対して自分が優位であることを、常に示していないと精神が安定しないことが多い。

人を指導するという立場は、自分のほうが上だということを示す絶好のチャンスだ。多くの人が、そこに自己満足感を見出す。

そのことが、上下関係を固定し、下から見た上司をうっとうしい存在に変えてゆく。その状態では、組織の活性化は限定的だ。

権威によるマネジメント、つまり強力な権力を行使して、人々に畏れられるマネジメントの下では、「燃える集団」は生まれにくい。

「長老型マネジメント」というのは、いちいち自分の優位性を示す必要のない人、つまり自己顕示欲が強くない人により、ごく自然に実践される。結果として、物事はひとりでにうまくいったように感じられ、マネジメントの存在は忘れられていることが多い。

――大いなるタオ「道」が衰えたとき、慈しみと道義の教えが起こった。人の思考や分別が尊ばれたとき、大きな偽りが始まった（大道廃、有㆓仁義㆒。智慧出、有㆓大偽㆒。）――（『道徳経』第十八章）

一般には、慈しみとか道義とか（原文では仁義）は、社会にとって必須な、いいことだと信じられている。

『道徳経』では、それを真っ向から否定している。首をかしげられた読者も多いだろう。よく考えれば、慈善も道義も、理性と論理で「こうあるべきだ」とこね上げられ、言語化され、人を外から統制するように仕組まれた教えだ。

つまり、ことばで表現するとよく似ているのだが、内側からこみ上げてくるタオとは、まったく別物だ。むしろ、大脳新皮質の活性化の産物なので、タオの天敵なのだ。
思考や分別というのは、すでに何度も述べているように大脳新皮質が司っている。
この文章全体を企業経営にあてはめると、次のように解釈できる。

――企業経営に合理主義が導入されると、人々の大脳新皮質が活性化するような活動が支配的になってゆく。その結果、タオが姿をあらわさなくなり、企業の輝きは失われてゆく

――(天外伺朗)

第10章　ピラミッド型組織の問題点

自由豁達ニシテ愉快ナル

1章では、新しい潮流のキーワードは、「信頼」だと述べた。

どんなにすばらしいシステムを導入し、高度なマネジメントを実行していても、信頼を欠いた組織は破綻を誘う。逆に、信頼で固く結ばれた組織は、その形式的な枠組みとは無関係に、しばしば奇跡を呼ぶ。

しょせん企業経営というのは、ドロドロした人間関係の営みそのものであり、従来の経営学が説いているような「こうすれば、ああなる」的な単純な因果関係が支配的なのではない。

創業期のソニーも、形式的にはごく普通のピラミッド型の組織形態をとっていた。ところが、設立趣意書に「自由豁達《カッタツ》ニシテ愉快ナル理想工場」と書かれているように、実際の運営は組織の枠や上・下関係を無視する元気の良さが大事にされ、人と人の結びつきがきわめて濃厚だった。

全社が遊び心にあふれ、仕事以上に遊びに熱中する人が多かった。

だからこそ、全社をあげて「フロー」に入り、「燃える集団」になることができたのだ。

行き詰まってしまった現在の日本の産業界では、遊び心に欠け、「仕事以外は脇目もふらず」という態度を従業員に強要する経営者が多い。つまり、「フロー」には入りにくい雰囲気が支配的だ。それにもかかわらず、人間的に優れ、時流に流されずに信念を貫く上司がひとりいれば、その下の組織が活性化し、「燃える集団」と化すことは可能だ。さがせば、いくらでもそのサンプルは見つかるだろう。

しかしながら現在では、創業期のソニーに比べて、その上司の居心地はすこぶる悪いはずだ。

会社全体の中では、奇人変人扱いされ、トップからはうとまれ、どんどん外野に押しやられていくだろう。

創業期のソニーが、ピラミッド型組織の中で「燃える集団」化したと述べたが、正確には、「ピラミッド型組織にもかかわらず」と表現すべきだ。

トップが、莫大なエネルギーを費やして、組織の枠を破壊する個人のエネルギーを尊重する努力をしていないと、あっという間にその雰囲気はしぼんでしまう。

「信頼のマネジメント」の難しさ

じつは、ピラミッド型組織と「信頼」とは、本来は相容れないものだ。

上司は役柄上、部下を監視し、評価しなければいけない。部下を疑い、冷たい評価の目で見ないと職責をまっとうできないのだ。つまり一〇〇%部下を信頼していたのでは、やっていられない商売なのだ。

創業期のソニーは、皆無茶苦茶に忙しく、課長が席にいないことが多かったが、我々はしばしば机の上に放置してある課長印を勝手に押していた。課長もそのほうが、アホな書類を見なくても済むだろう、という親切心だ。

つまり、基本的には通常の意味での課長の職責は放棄されており、実質的な「長老型マネジメント」がおこなわれていた。

私が、課長印は勝手に押してはいけない、ということを学んだのは、別の上司の下に配属されてからだが、入社して五年以上たっていた。

私自身も、課長・次長時代を通じて印をわざと机の上に放置して、勝手に押させていたのだが、一度だけ苦い経験をしている。他人を誹謗《ひぼう》するとんでもない文書に、私の印が勝手に押されて提出されてしまったのだ。

何人かのアドバイスを受けて、私は、印を机の引き出しにしまうようにした。鍵はかけていなかったのだが、たったそれだけのことで、誰も勝手に印を押さなくなった。

「信頼のマネジメント」としては、私のクオリティはそれ以来落ちたと思う。そのとき私は、新規事業の立ち上げの実質的な責任者をしており、クソ忙しい中で愚にもつかない書類に全部目を通すようになり、仕事のクオリティも落ちたと思う。

いまから三〇年も前の話を振り返っているのだが、たった一回の不祥事で防備を固めてしまった私は、やはり心が狭かったのかな、とも思う。

ピラミッド型組織の中で、信頼を貫くのはこのように難しい。もともと課長印など不要なルールにしておけば、ひどい書類が提出されても、私は知らん振りして「信頼のマネジメント」を継続できたと思う。

「課長印を勝手に押させていた」という話をすると、どの企業のどんな人でも「エッ！」と驚く。それは、組織運営上あってはならないことなのだ。

創業期のソニーが、全社的ではなかったかもしれないが、いかにフレキシブルな運営がされていたかを裏付けるひとつのエピソードだ。

最近、新しい潮流として、セムコ社などの無組織、無秩序経営を学んだが、私自身は何の抵抗もなく心の底にストンと落ちた。それは、入社早々の心が柔軟な時期に、「長老型マネジメント」を体験していたからだろう。

逆に、通常のピラミッド型組織運営の枠の中で、長年過ごしてこられた方にとって、この新潮流の真髄が古い脳まで定着するのは、とてつもない難事業であるという覚悟が必要だ。

3章で述べた、「部下の成長を心の底から願う」というのも、信頼のあらわれだ。それは自己顕示欲がある程度軽くなった人間的レベルに達していないとできないことはすでに述べた。

じつはピラミッド型の組織は、人間を逆に自我の肥大へ導く力を持っている。

部下を思いどおりにコントロールしたい、というのは自我の持っている基本的な膨張願望とぴったり一致する。したがって、誰しもが肩書が上になり、コントロールできる部下の数が増加することに、ある種の喜びを感じ、自らが成長したかのような錯覚をする。

前著［1］で詳しく書いたが、これは人間本来の意識の成長・進化の道程からいうと成長に逆行する脇道だ。本来の成長は、自我が次第に希薄になることにより宇宙に溶け込んで拡がっていくのだが、逆にその膨張願望を、自我を強固に持ったまま発揮しているのだ。つまり、ズボンをはいたまま、パンツをぬごうとしているようなものだ。

ピラミッド型の階層構造の中で昇進していくということは、この人間的成長の錯覚の脇道を上手になぞり、それを働くエネルギー源にしている。結果として、偉くなるにしたがって「自我の肥大」という病理的な状態に陥る人がきわめて多い。

もちろん、地位とともに謙虚さを獲得し、本物の人間的成長の道をしっかり歩んでいく人もいるが、圧倒的に数は少ない。これも、むしろ「ピラミッド型組織構造の中で出世したにもかかわらず」と表現すべき現象だろう。

つまり、ピラミッド型組織と人間の意識の成長・進化は、基本的には矛盾しており、相容れないのだ。

効率追求で失ったもの

私が、1章で述べた新しい潮流が、企業経営の進化の方向だと確信しているのは、それが人間の意識の成長・進化の方向性と一致しているからだ。宇宙全体の進化の流れに沿っているからだ。

15章で詳しく述べるが、セムコ社では、自我の肥大したリーダーは、たちまち排除されるしくみが存在する。

上司の自我が肥大していると、部下は自らの自我を抑圧しないといけない。これが、1章で述べた忍従だ。人が忍従を学ぶと、組織の運営がスムースになるので、それは社会人にとって必須なスキルとみなされてきた。

ピラミッド型の組織構造というのは、忍従をベースにしている。

上司が冷たい評価の目で見ていると感じ、自我を抑圧して忍従の状態にあるとき、人は「フロー」に入ることができない。

つまり、ピラミッド型組織の運用が厳密になっていくと、業務のスムースさと引き換えに人々の能力の発揮が抑圧されるのだ。

近代経営管理というのは、ピラミッド型組織を前提としており、この最も根本的な問題をなおざりにしたまま、表面的な合理化を推し進め、果てしない効率の向上を追求してきた。

かつての日本の企業は、建て前と本音を上手に使い分け、かなりルーズな組織の運用がされてきた。しかし何十年にもわたって効率がどんどん追求されると、そのルーズさは次第に許されなくなり、生産性の向上とともに、組織のアソビがなくなっていった。それが、最近のうつ病の急増につながっていった、と私は見ている。

人間の本質から考えると、忍従の構造をそのまま放置して、企業の効率向上を追求することは、前のたとえを繰り返せば、ズボンをはいたままパンツを脱ごうとしているようなものだ。

いま、新しい潮流を推進しているパイオニアたち、フロントランナーたちは、この根本原理に気づいた人たちだ。

その中には、建て前と本音を使い分けるという姑息な手段を用いずに、思い切ってピラミッド型の組織運営という世の中の一般常識を、丸ごと否定してしまった人たちもいる。

「新しい潮流」には、このように抜本的にシステムを変更してしまった企業と、創業期のソニーのように、古い形骸《けいがい》を残したまま、実質的な運用で実現している企業が混在している。一見すると両者は同じように活性化しているのだが、抜本的にシステムを変更していない企業は、経営者が何世代か交代すると、ごく普通のピラミッド型組織運営に転落していく可能性が高い（ソニーがそうだった）。

第11章　新しい潮流

自律型チームへの移行

8章で述べたように、この新しい潮流のことは、まだ一般にはあまり知られていないが、一部の経営学者たちの注目を集めている。

企業経営を語るとき、この新しい潮流のことを無視できない段階がすぐそこまで来ている。

経営学者たちの書いた本を三冊だけ紹介しよう。

一冊目の『自律チーム型組織』［6］の原題は、"Business Without Bosses" であり、上からの指示命令がない自律型の組織がいかに好業績につながるかということを、豊富な実例に対する丹念な調査結果をもとに書いている。

著者のチャールズ・C・マンツはアリゾナ州立大学経営学部教授、ヘンリー・P・シムズJr.はメリーランド大学経営組織学部教授だ。

監訳者の守島基博氏は、このような自主管理型のチーム運営に関しては日本は先進国と述べているが、著者たちにはその認識はなく、文献を調べたが、日本の経営はあまり参考にならず、むしろ米国、カナダ、ヨーロッパ、メキシコに自律型チーム制が特徴的に存在する、と述べている。これはおそらく、創業期のソニーのように、実質的な運営上で自律型のチームを実現していたケースが、文献調査ではわからなかったからだろう。

自律型チーム制導入のパイオニアは、プロクター&ギャンブル（P&G）社で、一九六〇年代には全社的に展開したが、その内容は企業秘密として非公開なため、詳細は不明。

その後、一九七〇年代から八〇年代にかけて、ゼネラル・モーターズ（GM）社で実験的に導入された。その一部は、サターン社やフィッツジェラルド・バッテリー工場に引き継がれたが、会社全体としては伝統的なトップダウン型のマネジメントが踏襲されてしまった（だからトヨタに追い越された？）。

この本の特色は、通常のピラミッド型組織から、自律型チームへの移行のプロセスを詳細に追っていることだ。それは、労働組合や中間管理職の猛反対など、さまざまな障害に満ちており、生やさしい道のりではない。また移行に要する期間も、五年から八年ときわめて長期にわたる。

自律型チームには、従来型の管理者は不要になる。マネジメントの役割は、ファシリテーター（進行を促す人＝9章参照）に変わる。管理者からファシリテーターへ変容させる教育は、容易ではない。もちろん一般従業員に対する教育も重要だ。

さらに著者らは、自律型チームへの移行による企業としてのパフォーマンスの向上に関するデータの把握に、多くの努力を傾けている。このあたりは、経営学者としての面目躍如といったところだろう。

この本で紹介している企業は次のとおり。

シャレッテ社（家具などの小売り、卸売り）、GMフィッツジェラルド・バッテリー工場、レイク・スペリアー製紙会社、IDS金融サービス社、ゴア社（W・L・ゴア&アソシエイツ）、テキサス・インスツルメンツ・マレーシア社、AES（Applied Energy

Service Inc ＝独立系の電力会社）

常識破りの企業改革者たち

二冊目の『仕事はカネじゃない！』（原題は"GUTS!"）［7］を書いたフライバーグ夫妻は、共にサウスウエスト航空の突飛なマネジメント・スタイルを研究して博士論文を書いた。それを紹介した『破天荒！』（小幡照雄訳、日経BP社、一九九七年。原題は"NUTS!"一九九六年）は、アメリカで五〇万部を超える大ベストセラーになった。

その後八年をかけて、似たような突飛な経営をしている企業を調査して書いたのがこの本だ。

原題の「ガッツ」というのは、すでに日本語化しているが、根性、気力、勇気、情熱などをあらわす。この本は、常識破りの企業改革を実行する経営者のガッツに焦点をあてている。

しかしながら、「俺について来い！」式の単なる経営者の「ド根性」物語ではない。

「『ガッツのあるリーダー』とは慣習という聖域を打ち壊すことをためらわない情熱的な

人物である」「威圧的な経営を心と魂、規律、ユーモアを基盤とする経営に組み替える」、あるいは「仕事に精を出し、楽しさや喜びを味わい、理想を求めながら利益を上げることは可能なのだと確信している」と書かれているように、明らかに1章で述べた新しい潮流を紹介している。

また、「ガッツのあるリーダーになるための一律の処方箋などないのである」「卓越したサービスを提供できるのは、自分の職場に誇りを持つ従業員だけなのだ」「従業員の満足度という概念はすでに時代遅れ。職場に対する愛着心、いかに仕事に打ち込めるか、などを問題にすべきだ」など、この新しい潮流の核心をつく発言が随所に見られる。

この本で紹介している企業は以下のとおり。

シノーバス・ファイナンシャル（大手金融サービス会社）、GSD&M（大手広告会社）、クォード・グラフィックス（大手印刷会社）、サウスウエスト航空、SASインスティチュート（大手統計分析ソフト会社）、フレドリックス・コーポレーション（自然化粧品販売会社）、ボンマルシェ（衣料品販売チェーン）、ホールフーズ・マーケット（有機自然食品小売業）、USAA（米国軍人を対象とした保険・金融業）、セムコ（ブラジルの産業機器メーカー）、スタンリー・スティーマー（カーペット・クリーニング業）、メドトロニック（生体医療機器メーカー）、アーンスト&ヤング（大手会計事務所）、プラネット・ホンダ（自動車ディーラー）、TDインダストリーズ（電気・設備工事・ビル管理など）

それでは、ガッツあふれる経営者たちの至言をこの本からいくつか引用しよう。

――従業員を全面的に信頼し、権限を委譲すればするほど従業員は成果を上げる――（クォード・グラフィックス創業者、故ハリー・V・クォードラッチ）

――我々は従業員に大幅な柔軟性を与え、仕事と生活のバランスを取りやすいようにしている。そのおかげで、彼らの信頼と忠誠心……を獲得できたのだ――（SASインスティチュート人事担当副社長、ジェフ・チェンバーズ）

――経営者が従業員を大切にすれば、それにこたえて従業員もまた顧客を大切にする――（SASインスティチュート共同創業者CEO、ジム・グッドナイト）

――ＧＳＤ＆Ｍは人生という旅を楽しむ所だ。……旅を愛するからこそ、厳しい試練に耐えて、それを乗り越えることができる――（ＧＳＤ＆Ｍ社長、ロイ・スペンス）

――いまから実施する「ボンライフ計画」は、この会社が従業員のために尽くす会社へと変容するための改革だ――（ボンマルシェ会長兼ＣＥＯ、ダン・エデルマン）

――規則は少ないほどよい。従業員に自由と自主性を与えれば、もっと会社の経営に関心を抱き、意欲的に責任をもって仕事に取り組むようになる――（ホールフーズ・マーケット創業者ＣＥＯ、ジョン・マッキー）

――従業員がリスクに挑戦することを認め、失敗することを許せば、従業員の自信は深まるのだ。失敗は従業員が育つための授業料であり、責めてはいけない――（サウスウエスト航空創業者、ハーブ・ケレハー）

――楽しみこそ素晴らしいビジネスの手段である――（プラネット・ホンダ社長兼CEO、ティモシー・チャサリー）

ビジネススクールで学ばないこと

三冊目の『経営の未来』〔8〕の著者のひとり、ゲイリー・ハメルは『コア・コンピタンス経営』（日本経済新聞社、一九九五年）などのベストセラーを書いた経営学者、コンサルタントであり、ロンドン・ビジネススクールの教授だ。

この本は基本的に、読者に経営の改革者になることを奨めている。従来の近代経営管理の考え方に決別して、新しい潮流の推進者になりましょう、という趣旨だ。

興味深いのは、それを近代経営管理を永年教えてきた、ビジネススクールの教授が説いていることだ。

何人かの新しい潮流の改革者、フロントランナーたちを紹介した後で、こう述べている。

――これらの経営管理イノベーターの誰一人として、ビジネススクールで学んではいない。これは私のように四半世紀にわたってビジネススクールで教鞭をとってきた者にとっては少々情けないことではあるが、それは仕方がない。ビジネススクールで学んだら、たくさんの英知を習得できるが、たくさんの型にはまった考えも身につける――

逆にいえば、たくさんの型にはまった考え方を、永年にわたって教えてきたハメルが、こういう本を書いていることは驚きだ。それは、ハメルの非凡さをあらわす証拠だろう。自らの経験を踏まえていると思われるが、ハメルは従来の常識からいかに離れて、改革者に変貌《へんぼう》していくかという道筋を示している。その内容は、いかにもビジネススクール流で、かなり新皮質的で、首をかしげたくなる点も多々あるが、自らががんじがらめの固定観念を脱却して変貌をとげているので、耳を傾ける価値はあるだろう。

この本で紹介している企業は下記のとおり。

ホールフーズ・マーケット、ゴア社（W・L・ゴア&アソシエイツ）、グーグル、セムコ、ライトソリューションズ（新興ソフトウェア会社）

グーグルのことは誰でも知っていると思うが、ハメルは創業者のセルゲイ・ブリンとラリー・ペイジがともにモンテッソーリ校出身であることを特記している。そのため二人は知的独立心が強く、権威が嫌いで、指示されるのが嫌いであり、パラダイムを叩き壊してブレークスルーの実行につながった、と述べている。じつはそれ以上に、モンテッソーリ教育は大きな意味を持っている。

8章で、チクセントミハイが「フロー」の研究に着手する五〇年も前に、「フロー」という現象を発見し、それを中心にした教育学を提唱した人がいた、と述べた。その人の名が、マリア・モンテッソーリなのだ！

したがって、モンテッソーリ教育は、子どもたちが「フロー」に入ることを最も重要視している。その教育を受けてきた二人のグーグルの創業者が、大脳辺縁系を活性化して自らの潜在能力を発揮する術を身につけており、また会社全体を「フロー」状態にするような経営をしていることは、ごく自然ななりゆきだろう。

文献［7］で紹介しているSASインスティチュート社は、働く母親のためにノースカロライナ州で最大の保育施設を設置しているが、モンテッソーリ教育を実施している。おそらく、共同創業者のグッドナイトが、「フロー」の重要性を認識しているのではないかと推定される。

じつは、企業経営と教育は、一対一に対応している。このことは、17章でもう一度振り返る。

新潮流のフラッグシップ

さて、以上の三冊の中で、複数の本で取り上げられているのが、**ホールフーズ・マーケット**、**ゴア**、**セムコ**の三社だ。

このうち、ホールフーズ・マーケットは本書では取り上げない。ゴア社に関しては、付録で紹介するにとどめるが、ひとつだけ特記しておきたいことがある。

ゴア社の創業者、先代の故ビル・ゴアは、デュポン社に勤務していたときに、小人数による技術開発チームで、私のいう「燃える集団」を経験している。そのすさまじい熱気と、潜在能力の発揮を、全社的に展開できないかと考えてゴア社を興し、オペレーションを工夫した。

「燃える集団」の体験から、新しい経営学にたどりついたという経緯は、私とまったく同じだ。

セムコ社に関しては、15章で取り上げる。

おそらく、この新しい潮流のフラッグシップを一社だけ選べといわれたら、セムコ社になるだろう。セムコ社は、世界中の七六校のビジネススクールでケース・スタディとして取り上げられている。

もうひとつの特筆すべき点は、これは経営学者は誰も気づいていないと思うが、先端的な教育学を企業経営に応用していることだ（17章）。

これは、この新しい潮流を理解する上で、きわめて重要なポイントだ。

参考文献としては、改革を実行した当事者のリカルド・セムラー自身が著した本『セムラーイズム』［9］を取り上げる。

じつは、8章で述べたように、文章化されたものは「タオの痕跡」にしかすぎず、タオそのものではない。しかしながら、第三者が書いたものに比べて本人の著書は、より濃い痕跡になっている。

もちろんそのかわりに、経営学者たちの書いた三冊は、この新しい潮流全体を、総合的に概観的に眺められるという利点はある。

本書の付録ではゴア社に加えてもう二社紹介する。

パタゴニア社のイヴォン・シュイナードの経営学［10］と、未来工業の山田昭男の経営学［11］だ。

日本の企業は、6章で紹介したトヨタ自動車や、創業期のソニーのように、この新しい潮流の一部ないしはエッセンスを、実質的な企業運営のノウハウとして脈々と受け継いできている。その割には、それをしっかりと調べている経営学者がいないのは淋しい限りだ。

第12章　ムカデ競走の呪縛を逃れて

思い込みの強迫観念

ムカデ競走というのがある。

一列に並んだ大勢の人の足をひもでつなぎ、そのまま走らせるのだ。当然、歩調が合っていないと進めない。

近代経営管理はそれに似ている。

従業員を管理しなければいけないという強迫観念は、走るときは皆の足をひもでつながなければいけない、という思い込みに等しい。

いままでは、誰もそれに疑問を感じなかったので、産業界全体がムカデ競走になっていた。そして、足を結んだまま、いかに速く走れるかが研究され、昔に比べて数倍も速く走れるようになった。ところが選手は疲れ切ってしまっており、うつ病が増えている、というのが現状だろう。

ふと横を見ると、足を結ばずに一人ひとりバラバラで全力疾走している連中がいる。桁違いに速い。しかも、みんな元気一杯だ。

それが新しい潮流だ。

人々はそれを見て、初めて自分たちが足を結んで走っていることに気がついた。よくよくルールブックを読むと、「足を結ばなければいけない」とは、どこにも書いてない。皆は、単なる思い込みで、ムカデ競走を続けてきたのだ。

合理主義の呪縛に気づく

いままで私たちは、近代経営管理の特徴がよくわからなかった。皆でその方向を目指しており、それが常識であり、それしかなく、それ以外の経営論があることを知らなかった。だから記述できなかったのだ。それは、私たちが空気の存在を意識しておらず、記述しにくいのに似ている。

前章で紹介したような新しい潮流が出現して、それと対比することにより、ようやく記述できるようになってきた。

いままでの近代経営管理のベースになっている、合理主義経営学（Rationalistic Management）の要点はおおよそ次のようになるだろう。

◉「合理主義経営学」の要点

（外的特徴）

1. 上意下達が中心で、職制の権利と義務がはっきりしたピラミッド型組織。
2. 経営の戦略や大方針は、小人数の幹部で決定し、組織を通じて徹底。
3. 就業規則、職務記述書などのルールを、できるだけ具体的に詳細に制定し、組織や個人の行動、業務内容、分担や責任範囲を細かく規定。
4. 経営の内容を、正確に迅速に数値的に把握し、それを詳細に分析する。
5. 情報は組織の階層に応じて、開示する内容を制限。

（内的特徴）

1. **人間も組織も合理的な存在という前提。**
2. **法と秩序と組織を重視。**
3. **従業員の行動を厳しく監視し、パフォーマンスを評価。**
4. **指揮統制を徹底。**
5. **大脳新皮質の働きを重視。**
6. **不安と恐怖、外発的動機づけによるコントロール。**

以上が、いわばムカデ競走の呪縛だ。

重ねていうが、いままでの企業経営においては誰もこれを呪縛とは思わず、これ以外の道があるとも思っていなかった。

しかし近年、新しい潮流に気づいた経営学者たちが、前章で紹介した多くの企業を調査した。

それらを一社一社詳しく見ていくと、経営内容は千差万別であり、バラエティに富んでいる。たとえば、チームの利益が自動的に翌月の給料に反映されるという成果主義を導入している企業（ホールフーズ・マーケット）もあるし、自分の給料は自分で決める（セムコ社）という極端な運営をしているところもある。また、従業員のプライベートな人生に一切干渉しない企業（セムコ社）もあれば、生活のすべてにわたってきめ細かくサポートする企業（ＳＡＳインスティチュート）もある。

それらに共通する唯一のポイントは、1章で述べたように「信頼」であり、そのために組織がきわめて活性化していることだ。

この新しい潮流をゆるやかにくくって、「人間性経営学（Humanistic Management）」と呼んでいく。

前述のように、そのモデルは創業期のソニーに見られたが、それをより広く、新しい潮流全般をあらわすことばとして再定義する。

本来、新しい潮流がまだ夜明けの段階にあるときに、それを厳密に定義し、この企業はそうだ、この企業は違う、と弁別することは好ましくない。

今後、現在の私には思いもつかぬような新しい手法が、次々に実践される可能性は十分にある。また、私自身の思い違いや、解釈の間違いも多々あるだろう。

それらは、長い時間をかけて歴史のフィルターが浄化してくれるのにゆだねよう。

人間性経営学の指針とは

たとえば、前著［1］で私は、成果主義を取り入れると「外発的動機」を刺激して、新皮質が活性化してしまうので、「フロー」に入れなくなる、という一般原理を述べた。

ところが、その同じ私が一九八八年に、本社から分離して別会社として設立した「ソニーコンピュータサイエンス研究所」は、プロ野球と同じ年俸制であり、極端な成果主義を導入している。成果が上がらぬ研究員は退社しなければならない（二回ほど訴訟が起きた）。

にもかかわらず、研究員はフローに入り、立派な成果を上げてきた。マスコミを賑わすスター研究者が何人も生まれた。

おそらく、この場合には、成果が上がらぬと退社しなければならないというプレッシャーがポジティブに作用したのだろう。また、退社を勧告されなかった研究員と、所長・副所長との信頼関係はきわめて強固だった。さらには、研究者は個性が強く、研究は個人プレーであり、そもそも「内発的動機」に基づかないと遂行できないということも幸いだったと思う。

前章で、複数の経営学者が紹介した企業の中でホールフーズ・マーケットだけ、本書では取り上げない、と述べた。前述のように、この会社は成果主義を取り入れており、そのことに私が若干違和感をおぼえているのがその理由だ。ただし成果主義といっても、従来のように上が評価するのではなく、ひとりあたりの利益に応じて自動的に順位をつけ、報奨金を割り振るしくみだ。つまり、チーム同士が互いに並列で競い合うシステムだ。

凋落に向かっていくときのソニーでは、成果主義を導入した結果、事業部門間の協力関係が徹底的に破壊された。たとえば、ノートPCを担当する事業部とデスクトップPCを担当する事業部が、搭載するソフトウェアで協力できないような状況になってしまった。

後から就任したCEOはそれを見て、「ソニーの事業部は、まるでサイロ（牧草などを発酵させて貯蔵する縦長の倉庫）のように閉じている」と嘆いた。それが凋落のひとつの要因になっていたことは、誰の目にも明らかだったのだ。

ホールフーズ・マーケットが、全体として活性化しているのは確かなのだが、チーム同士の協力関係が良好かどうかはわからない。あるいは、横の協力があまり必要がない業態なのかもしれない。

あるいは、同じような成果主義を導入しても、活性化が進むマネジメントと、破綻に向かうマネジメントがあるのかもしれない。それは、上に立つ人の人間性の影響が大きいかもしれない。

成果主義ひとつ取り上げても、このように一筋縄ではいかない。

「天外塾」実況中継1（一〇五ページ〜）で、いみじくも私自身が語っているように、こうやって本に書いていくと、どうしてもひとつの論理に沿うことになり、その論理がひとり歩きして、タオから離れていく傾向が出てしまう。

「人間性経営学」の要点を左に示すが、これはムカデ競走の呪縛から逃れるための、ひとつの指針であり、きわめて大雑把な、暫定的な定義だとお考えいただきたい。今後、この項目に必ずしも全部適合しない企業や経営学も、新しい潮流、あるいは「人間性経営学」と呼ぶことがあるだろう。ホールフーズ・マーケットも、もちろん含まれる。

◉「人間性経営学」の要点

（外的特徴）

1．組織がない。もしくは、実際の運用上、組織の壁や上下関係がきわめて希薄になるよ

うに工夫されている。

2. ほとんどのデシジョンは、現場にまかされている。また、企業全体の方向性の決定にも、多くの従業員が関与するしくみがある。

3. なるべくルールを少なくし、各自の常識にゆだねるような運営をする。

4. 過度な数値的分析を避ける。経営の内容を直感的に把握するように訓練。

5. 情報はすべての従業員に公開。

〈内的特徴〉

1. 従業員を徹底的に信頼。

2. 人間の本質、深層心理に十分に配慮。

3. 参加意識に支えられた「やる気」を重視。

4. 組織が自律的に躍動的に活動するように、指示・命令が少ない。

5. 論理よりも古い脳が活性化した状態や、直感を重視。

6. 楽しさ、高揚感、フロー、内発的動機づけを重視。

第13章　運命、そして情動や身体性への接地

天外塾のコンテンツ

前章では、従来の「合理主義経営学」と対比させて、新しい潮流である「人間性経営学」の要点を述べた。

経営学者たちは、この新しい潮流の表面的な現象に着目している（11章）。それに対して本書では、私の独断と偏見になるが、そのバックボーンとなる奥深い問題を扱ってきた。

たとえば、深層心理学的側面、脳科学的側面、「フロー理論」や「インナーワーク」との関連性、プロセス指向心理学でいう、言語では表現できないタオの話、経営学をお勉強して実践すると軒並み失敗する話、さらには老子の『道徳経』との関連性などだ。

じつは天外塾ではさらに、この新しい潮流とその背景となるさまざまな事柄とは直接的に関係しない、いくつかのコンテンツを説いている。

いずれも、多少怪しげな話と思われるかもしれないが、本章では、その概略を紹介しよう。

運命と向き合う

そのひとつが、**運命**の話だ。

天外塾六回の講義のうち一回をこのテーマにあてている。

もし経営学という学問の世界で、運命のことを少しでも語ったら、たちまち総スカンを食うだろう。それは明らかに非合理性のかたまりであり、場末の占い師を連想させるような怪しい気配がある。

しかしながら、自分の運命に無関心な経営者はいない。占い師やサイキック（超能力者）に相談している人は、かなりの数に上るだろう。易に頼って会社をつぶしてしまった人を、私は二人知っている。

そういう人たちを冷笑するのでなく、また闇雲に占いに頼るのではなく、冷静な目で、自分の運命をしっかりと意識し、ちゃんと向き合いましょう、というのが天外塾のメッセージだ。

しっかりと深いところまで見ていくと、好運と不運が区別できなくなる。そこまで行けば、運命に翻弄されることなく、自分が運命の主人になることができる。

周期性を意識する

もうひとつのトピックは、運命とも関連するのだが、**周期性**の問題だ。

私たちが、さまざまな周期性に支配されている生き物であることは、誰も否定できないだろう。

地球の周期性としては、自転による日の周期、公転による年の周期、季節の周期がある。また、月の運行による潮の満ち干の周期があり、女性の生理の周期はそれと関連しているとか、満ち潮で人が生まれ、引き潮で人が死んでいくという傾向が観察されるという人もいる。

また、地球のわずかな歳差運動（自転軸の揺れ）により約二〇〇〇〇年の周期があり、西洋占星術にはそれがしっかりと組み込まれている。

算命学などの中国の占星術は、運命の一二年周期を説いている。

じつは、人間のすべての活動も、さまざまな周期性に支配されている。種をまく時期や収穫が季節で決まる農業は、地球の周期と人間活動の周期がぴったりと一致しているのできわめてわかりやすい。

それに比べると、はるかにわかりにくいのだが、じつは「フロー」にも周期性がある。「フロー」とか「燃える集団」は、ずーっとその中に入っているわけにいかず、いずれはごく自然に出てきてしまう。実質的には「フロー」から出ているにもかかわらず、「おかしいな」と思いながら前と同じように行動していると、本人もつらいし、物事もうまくいかない。

「フロー」状態と、ごく普通の状態を、ともに意識して過ごすことにより、人生はとてもスムースになる。そのリズムは、その人や集団に固有のものであり、意思で制御することはできない。感覚を研ぎすまし、自らのリズムを感知し、それに合わせて自らを律していくのがコツだ。

その意味では、「フロー」終了の儀式を取りおこなって、チーム全員の意識を切り換えることが重要だ。プロジェクトの場合、目標がほぼ達成された九合目ぐらいで、チームを解散したほうがよい。普通の状態に早めに戻ったほうが疲れないし、次の「フロー」にスムースに乗れるようになる。

「フロー経営」というのは、それぞれのチームが「フロー」に入りやすい条件を整えるのがまずは基本だが、「フロー」状態のチームと、普通の状態のチームが混在し、それぞれのリズムを刻んでいくことを、上手にサポートする必要がある。

7章で、ビジネスは必ず呼吸するように、好業績期と苦しい時期のリズムを刻むと述べたが、それも同じ原理だ。「フロー」ほどの極端な状態にならなくても、人間や組織の営みは必ずリズムを刻んでいる。

そのリズムを上手に、ある程度長いスパンで包容すれば、企業経営はうまくいく。

それを、常にピークの状態になければいけないと思い込んで、その強迫観念のもとで、ボトム状態を責めるものだから、よけいに状態はひどくなり、従業員が疲れ切ってしまうのだ。

死は変容のチャンス

さらに、運命と関連するのだが、5章で触れた**「死の経営」**のトピックがある。

出路のように倒産の危機に瀕して、「もうダメだ！」と観念したとき、人は大きな変容をとげ、企業は大飛躍をすることがある。

原理的には簡単な話だ。

変容というのは、たとえばサナギが蝶になるような話であり、それまでの姿が自分自身だと信じていたサナギは死の恐怖にとらわれる。したがって、死から目をそらしている間は、無意識的に変容を避けてしまうのだ。

倒産に限らず、病気や離婚や退職など、人生は疑似的な死に満ちている。それまで、死から目を背け、あたかも死が存在しないかのごとく思い込んでいた人が、否応なしに死に直面し、変容のチャンスを迎えるのだ。

運命論でいえば、どうしようもなく不運に思えた疑似的な死の体験の中に、変容という大きな好運が隠されていたのだ。

さらに「死の経営」には、じつはそれとはまったく違う、もうひとつの意味も含めている。

自然界にならえば、生命体としての企業はいずれ死を迎えるのが自然な姿だろう。そのときに、子孫を残し、ＤＮＡが継承され、なおかつ企業として進化する、というのが宇宙の中での生命体の役割だ。次代につながるための「死の経営」の研究は、これからの重要なテーマとなる。

人間力の三つの要素

さて、進化ということばが出たが、**成長と進化**は、天外塾の最大のテーマだ。

すでに本書でも、「意識の成長・進化」「自分磨き」「人間的成長」などのことばと、マネジメントのレベルの問題に触れた（3章）。

経営の世界では、「人間力」ということばがきわめて頻繁に用いられる。しかしながら、ほとんどの場合、それは漠然と用いられるだけで、深く掘り下げられることはない。

私は、経営者の人間力のうち、大きく三つに焦点をあてている。

「情」と**「徳」**と、**「ディープ・グラウンディング」**だ。

情と徳は説明の必要はないだろう。これらは主として幼児期までの体験で獲得した素質が土台になっている。

「ディープ・グラウンディング」は、私の造語であり、一般に知られている概念ではない。

じつは教育の本［2］を書いたとき、いまの社会の指導層を占める人たちが、決して教育のゴールとして目指すべき人物像ではない、ということに気づいたのが出発点だ。

10章で、ピラミッド型組織を上りつめていき、支配する部下の数が増えると、あたかも自分が成長したかのごとき錯覚を呼ぶという話を書いた。

これは、人間なら誰しもが陥る罠《わな》であり、本来なら自我が希薄になることにより、逆に自分自身が拡がり、宇宙と一体化の方向に向かうのが正常な意識の成長・進化なのに対し、自我を強固に保持したままで拡大しようとあがいているのだ。

結果として、自我の肥大という病理的な症状を示す人が、社会の指導層に多い。

このあたりは、トランスパーソナル心理学という新しい学問が解き明かしてきた。

もうひとつの問題点は、ペーパーテストで大脳新皮質ばかりを鍛えて、大脳辺縁系の働きがきわめて弱い人が指導層に多いことだ。

そういう人は、やたらに言語能力が高く論理にも強いが、タオが見えず、現実のドロドロした問題にしっかりと対処することができない［2］。

いまの心理学は、社会に適応できていれば健康とみなしてしまうので、このような指導層に蔓延する病理的症状を記述する用語がない。

そこで、その病理的な傾向を脱した状態を「ディープ・グラウンディング」と呼ぶことにしたのだ。詳細は文献［2］を参照されたい。

その要点は二つある。

タオを生きる

私たちは一般に、他人の目を意識して生きている。

他人の評価、社会や集団による評価によって自分の位置づけが決まり、自己イメージやアイデンティティ（自我同一性）を獲得する。自分の存在意義や人生の目的なども、それに左右される。

このような、いわば借り物の自己イメージに乗っている自我は、きわめて不安定だ。たえず他人と比較していないと、自分自身を位置づけることはできない。それは、たえず一喜一憂することを意味している。

また、機会あるごとに自己顕示を発信していないと気がすまない。

それに対して「ディープ・グラウンディング」というのは、人の世の相対的な評価を離れて、宇宙全体の営みの中で、自分のどっしりした存在位置を獲得した状態だ。

もうひとつのポイントは、私たちは日常的に自分自身の情動や身体性と切り離された状態で生きていることだ。それに気づいている人はほとんどいない。トランスパーソナル系のサイコセラピーは、それに気づかせ、情動や身体性に接地するためのワークが多い［2］。

本来なら、心と身体は一体なのだが、近代文明社会では身体から独立した自我の獲得が正常とされているため、幼児期に身体を切り離してしまい、そのままの状態で死ぬまで過ごす人が多い。そしてあたかも、身体が心の指令どおりに動く、奴隷のようなものだと錯覚している。

つまり、身体からこみ上げてくるメッセージに耳を傾けていない。

情動との切り離しも、社会生活の必要上生じている。

いまの社会では、人前で怒りなどの情動を表出するのは好ましくない、という風潮がある。男性は「男の子は人前で泣くものではない」というしつけを受けているので、とくにひどい。

怒りや悲しみの情動を抑圧することが度重なると、それが意識に上る前に自動的に行われるようになり、本人は抑圧していること自体に気がつかなくなる。

すべての情動は連動しているので、怒りを抑圧している人は、喜びなど他のすべての情動も自動的に抑圧してしまっている。

本来の人間は、身体の奥底からふつふつと込み上げてくる至福感にひたっていられるのだが、近代文明人はほぼ一〇〇%情動や身体性を切り離しているので、それを感じることができない。その結果、ゴルフや海外旅行などのさまざまなレジャーに精を出し、身体の外側に喜びを見出そうとするのだ。

そして、首尾よく徹底的に情動を抑圧している鈍感な人を「沈着冷静で優秀なリーダー」として重用するのだ。

情動や身体性を統合し、深いレベルの本質的な自分自身に接地し、自分は本当に何を感じ、何を求めているかが実感できるようになると、人は絶対的な存在感の確立の方向に進んでいける。

それが「ディープ・グラウンディング」だ。

さらにそれが深まると、やがて、母なる大地、大自然、あるいは宇宙との一体感、さらには運命の流れとの一体感といった、きわめてスピリチュアルな感覚につながっていく。老子のことばを借りれば「タオを生きる」ようになるのだ。

◉「天外塾」実況中継2（アルマック本社、二〇〇七年六月七日）

塾生C　先ほどの「情動に接地する」っていうとこですけど、実際に僕もそういう自分の感情に正直にね……何というか……心が解放された人になりたいと思うんですよ。でも、経営者としてははたしてそれでいいのか……。そうなっちゃってても大丈夫なのかって……ブレーキがかかるし。ある意味では危険なことだ、と天外さんもおっしゃってましたし、ギリギリセーフのラインみたいのはあるのかとか、迷いばっかり出てくるのですが、何を質問しているのか自分でもわかんなくなっていますが……。

天外　いやいや、すばらしい質問ですよ。この問題は皆、もやもやと持っているよね。でも、論理的に質問できないし、論理的にお答えもできない（笑）。

たぶんCさんも、心の底ではわかっておられると思うんだけど……前提に何があるかというと、経営者というのは軽々しく情動を表に出してはいけない、という常識がまずあるんだね。その常識に反することをする。そのときに、他の人からどう見られるかという恐怖があるわけね。

あ、それから、さっき休み時間に本田健※さんの話をされてましたね。それをちょっと皆さんに披露してくれませんか……。

塾生C はい。えーと、言っちゃっていいのかな。

天外 いや、まったく問題ないですよ。

塾生C 大丈夫ですか。じつはさっき情動に接地するという話を聞いていて、本田健さんのことを思い出したんです。彼のセミナーを受けているとき、何回か本田さんが泣き出すシーンを見てるんですね。そのときは、すごくびっくりして……セミナー講師たるもの、お金をいただいてやっているわけですから……弁舌さわやかに、リーダーシップを発揮して、それが、もろくも崩れておいおい泣くってのはね……すごく衝撃的でした。いいか悪いかより、ひたすら驚いた。いま考えてみると、なかなかできないし、情動に接地するってのはああいうことなのかなって……それで質問を……。

天外 ね。質問の根元が皆によくわかったでしょう。この話をしないと、タオが出てこないよ。でもね。いまの話の中に質問の答えが全部入っているのわかります？　ひとつには、お金を取って講義をしている人は……。

塾生C　こうあるべきだと。

天外　そう。泣いちゃいけない、という一般常識ね。これは別にCさんだけじゃなくて、あらゆる人が持っている一般常識なわけ。で、それは社長が情動をあらわにしちゃいけないという一般常識と同じでしょう。

塾生C　はい。僕はそういうのはすごく抵抗感が強いんです。

天外　で、そういう一般常識があった。ところが、目の前で尊敬する本田健が泣き出してしまった。あなたがびっくりしたのは、一般常識と違うことが起きたから……でもそのときに、あなた自身はそのことを受け入れたわけですよね。

塾生C　そうですね。

天外　泣いている本田健を受け入れたわけですよね。

塾生C　まあ……不思議と……。

天外　……不思議と……。

塾生C　なぜかというのは全然わかりません。

天外　ああ……なぜというのは、一切問う必要はありません。いつもいっている

※本田健：複数の会社を経営していたが、娘の誕生をきっかけに「セミリタイヤ生活」に入り、ボストンに移住。『ユダヤ人大富豪の教え』（大和書房）などベストセラー多数。

ように、理由は後付けですから、無関係なんです。受け入れたか、受け入れないかというポイントが大切なんです。Cさんは、それを受け入れた。つまり、一般常識に反することが起きたけど、あなたは受け入れることができた。でも、受け入れなかった人もいたかもしれない。本田健が泣き出したときに、何だ金取ってセミナーやってるくせに泣きやがった、と思っていた人がいたかもしれない。聴衆の中にはいろんなのがいますから……。そういうのが大多数だと、本田健のセミナーは先細りになるはずだけど、相変わらず大勢群がっているよね……。

塾生C　そうですね。

天外　で、社長として情動を表出できないということは、何だ社長のくせに感情をむき出しにして、とか、すぐ怒るとか、感情的な人間だから社長の資格はない、とか思う人がいるかもしれない。実際にいるか、いないかではなくて、いるかもしれないというCさん自身の恐れですね。恐れがブレーキになっている。

塾生C　それはすごく実感できます。

天外　恐れというのはね、必ず自己増殖するんです。恐れが恐れを呼んでね。モンスターになってしまう。ほとんどの人間は、そのモンスターにまわりをびっしり取り囲まれてね、彼らに支配されて生きている。誰も気づいていないけど、実態がわかれば、ひっくり返って驚くほど、モンスターの支配は強いんです。だから、えいやっと、思い切って常識を破ってみると、恐れていたほど事態は悪くならないのが普通です。幽霊の正体見たり枯れ尾花ってね。結構いい結果に収まることが多いですね。でも、普段の人間関係が良くないと、社長のくせに泣きやがってと思うのが、大勢出てくるかもしれない……。

塾生C　そういうお話を聞いていると、感情を正直に出すほうがいいのかなって……でもやはり迷いがあって、どっちがいいのか不安になるんですが……。

天外　いい悪いは関係ないですね。えーっと、こういういい方は自分では好きじゃないんだけど、ちょっと形式張ったいい方をすると……やはり情動をある程度コントロールするのは大切なんじゃないかな。我々は子どものころから、そういうトレーニングばかりやってきて、情動を切り離してシャットアウトしちゃって、そのために苦しくなっているんだけど、それが全部無駄というわけじゃない。ただ、近代文明人は、それが行き過ぎちゃったもんだから、少し戻らなきゃいけない。徹底的に抑圧した情動にね、今度は意識して接地していく。そのプロセスが、すごく重要なような気がする。子どもみたいに、情動に全部明け渡すんじゃなくて、ある程度コントロール可能な状態で接地していくわけ。かといって、いままでのように無意識にすべてを抑圧するのでもなく……。

なぜか人間はね、一度抑圧してから接地していくプロセスをたどるようにできているみたいなんだな。さっきいった身体性もまったく同じで……幼児期の二歳ぐらいまでは身体自我といって、身体性と一体化した自我を確立している。そこから、わざわざ身体から分離した自我を育ててね……ほとんどの人はそのまま死んじゃうんだけど、中にはまた身体性に接地していく人もいる。それが、なぜか人間の意識の成長・進化のサイクルなんだね。

情動も同じで、幼児のように完全に情動に明け渡したままだと社会生活ができないので、抑圧して、抑圧して、がんじがらめになって、いろんな不都合を生じて、それからラッキーな人は、再び接地する方向に行くわけ。でもそれは、幼児期とまったく同じ状態に戻るんじゃない。抑圧した経験もとても大切なんだね、きっと。

Cさんはね、もうそのプロセスが始まっているんですよ。いまね、こういう話をしているから、好むと好まざるとにかかわらず、これからは自分の情動を客観的に見るようになる。あ、それから、ここにお集まりの皆さんは全員、すごくラッキーだった。いま僕とCさんのやり取りを聞いていたからね。全員が自分の情動を客観的に見るようになる。何かが動き出すんだね。本を読んでもなかなか起きないよ、それは。タオにあふれた対話の中にいるとスイッチが入る。だからすごくラッキーだった。

で、そうすると、少しずつ客観的に観《み》る視点を確保していけば、情動を表出するかしないかは、ある程度自分でコントロールできるわけですよ。これは、少々表出したほうがいいかな、とかね。あるいは怒りの情動がたまったから、今日は一〇キロぐらい走ろうとかね……。

いや、これは冗談でいってるんじゃなくて必要なんですよ。どういうことかというと、怒りの情動がこみ上げてきたときとか、闘争をするときには、アドレナリンとかノルアドレナリンとかいうホルモンが出てくるんですね。それで運動能力を増強する。たとえば、猛獣が襲ってきたと。走って逃げなきゃいけない。あるいは荒れ狂う獲物を槍で仕止めなきゃいけない。それがうまくいくように進化してきたのね、人間は。そうすると、その運動の中でホルモンが吸収されてなくなっていく。

ところが、こんちくしょう！　と思って闘争態勢になっても、体を動かさないと、ホルモンが残ってしまう。アドレナリンもノルアドレナリンも猛毒です。じょじょに体をいためて病気になってしまう。だから、怒りを感じたら走る、というのは正しい行為なんです。

塾生C　経営者というのは、いつも走ってないといけない（笑）。

天外　そうそうそう。そのとおり（笑）。怒りを感じたらぶん殴る、というのも正しい行動。体だけを考えたらね。そういう具合に進化してきてしまった。それがわかって、客観的に自分が見れるようになったら、酒で憂さを晴らすんじゃなくて、少しずつ情動を表出するとか、体を動かすとか、かしこく対処できる。まずは、自分の情動を恐れないで、ちゃんと触れて、ちゃんと感じるようになっていく。それだけで、人生はまったく変わってきますよ。

ただ、あいつが憎いと思うんじゃなくて、自分の情動に焦点をあてる。憎いか、憎くないかを、相手の問題じゃなくて、自分の問題として対処できるようになる。別に、憎しみを無理やり抑圧するんじゃなくてね。すべての問題は、自分の問題なんだから、湧き上がってきた情動にすなおになって、適切に処理できるようになっていく。

それが、「ディープ・グラウンディング」に向かう第一歩だね。

今日ここにお集まりの皆さんは、Cさんのおかげで、もう一歩目を踏みだしました。すごくラッキーだった。あとでCさんに何かおごってあげてください(笑)。

塾生C ありがとうございます。募集します(笑)。

第14章　ディープ・グラウンディング

相対評価の罠

13章で、経営者の人間力として、情と徳とディープ・グラウンディングの三つの資質を取り上げた。ディープ・グラウンディングとは、宇宙の中におけるどっしりした自分の位置づけを確立した状態、という、雲をつかむような話を書いた。

ほとんどの人にとって、その表現は実感をもって把握できなかったと思う。それは、身の回りの人たちが、ほとんどディープ・グラウンディングの域に達していないからだ。

とくに、いまの社会の上層部、指導的な立場にいる人たちは絶望的だ。他人、他社、他国との相対評価の罠に落ち込んで、「我が社は遅れている！」「日本は遅れている！」と金切り声で叫んでいる人が多い。よく見ると、その人たちはギラギラした自己顕示欲のかたまりだ。

じつは、お金や権力、地位などを激しく追い求めることは、意識の成長・進化の道筋では脇道であり、ディープ・グラウンディングからは遠ざかる方向性を持っている。

いくらお金をかせいでも、権力を握っても、地位や名誉が得られても、その満足感はきわめて表層的であり、さらに上を目指して戦っていないと精神は安定しない。そういう人は戦いをやめると、燃え尽き症候群に陥ってしまう。

心理学では、そのメカニズムをシャドーのプロジェクション（投影）による戦いの衝動として説明しているが、これは前著［1］、［2］で詳しく書いたので、本書では触れない。

シャドーのプロジェクションが強く、戦いのモードにあるとき、人はディープ・グラウンディングの方向にはなかなか進めない。いまの社会の指導層は、そういう人たちで満ちている。

それでは、どこに行けばディープ・グラウンディングに達した人に会えるかというと、一芸を極めた職人さん、お百姓さん、あるいはアーティストの中には結構多い。

そういう目で身の回りを見れば、自分の仕事に対して誇りを持ち、どっしりしたゆるぎない自信があり、かといって自己顕示欲があまり強くない人が何人か見つかるのではなかろうか。

じつは、ディープ・グラウンディングに向かうためには、他人の目、社会の評価などはマイナスの作用をする。相対的な評価に依存する習慣を身につけてしまうからだ。物や農作物に真剣に相対したとき、人は相対的な評価を超えることができる。そこには、宇宙の評価としかいいようがない境地があるのだ。

古い脳を鍛える教育とは

したがって、ディープ・グラウンディングのトレーニングには、何かを創造することが効果がある。農業や園芸などの宇宙の創造のお手伝いでもいいし、大工仕事や機械製作のような人工物でもよい。人工物といえどもそこには宇宙の法則が働いており、宇宙の創造の一部であることに変わりはないのだ。

少し一般的に表現すれば、まずは自分自身の内なる欲求をしっかりと把握し、それにもとづいて外界に働きかけ、その結果をごまかすことなく真正面から受け取る、ということだ。それを丹念に、数限りなくこなすことにより、ディープ・グラウンディングは少しずつ、少しずつ深まっていく［2］。

一般の教育で、とても大切と考えられている「ほめる」という行為は、ディープ・グラウンディング教育ではご法度だ。前述のように、他人の評価に依存させてしまうからだ。

いまの日本の教育は、ディープ・グラウンディングにほど遠いが、ジョン・デューイの「行動を通じた教育」など、それに配慮した教育学は山のように提案されている［2］。

ディープ・グラウンディングというのは、大脳新皮質と古い脳がバランスよく働いている状態でもある。いまの学校教育は、ペーパーテストで新皮質ばかりを鍛え、論理と言語ばかり発達した人を育てている。成績優秀な人が指導層に上りつめるので、どうしてもディープ・グラウンディングは弱くなる。

お金や地位、名誉などを追求することも、身体性から切り離された観念的な欲望であり、新皮質の強化につながっている。

前に情動や身体性に接地する、と述べたが、それは古い脳を鍛えることにほかならない。近代文明人は、ほぼ全員、情動や身体性を切り離した状態で生きているのだが、誰もそれに気づいていない。皆がそうなので、おかしいとは思わないのだ。

ただ、演技のトレーニングをしてきた俳優さんたちは、情動に接地することを学んできている。また、スポーツに命をかけて入れ込んできた人たちは、身体性に接地することを体験してきている。

物を創ることもなく、演技の勉強もせず、スポーツもせず、お勉強ばかりしてきて、論理と言語の虚構の中だけで生きてきた人たちは絶望的だ。

トランスパーソナル系のサイコセラピーには、情動や身体性に接地するトレーニングが含まれている。ワークそのものがディープ・グラウンディング教育になっているともいえる。

私自身も、それを何回も受けることによって、少しずつ情動に接地することを学んでいった（身体性への接地は、まだこれからだ）。

じつは、「天外塾」実況中継2の質疑応答の前の講義では、その私自身の体験を語った。遅ればせながらそれを、ここでご披露しよう。

三〇〇〇人の前で泣く

話は二〇〇四年の四月にさかのぼる。

私は、伊豆の河津で、吉福伸逸《よしふくしんいち》氏という伝説のセラピストによる、三日間のサイコセラピーを受講した（16章参照）。絶叫と号泣が入り交じり、阿鼻叫喚の嵐の、きわめて激しいワークショップだった。

その三日後に、私は「南無の会」の基調講演を引き受けていた。

「南無の会」というのは、松原泰道《たいどう》師が会長を務める仏教系の団体だが、宗教や宗派の枠を超えた活動が特徴だ。

私は、講演の枕として、松原泰道師との出会いを語った。

話はさらにさかのぼり、一九九四年のことだ。当時の私は、会社に勤務しながらペンネームで本を書きはじめて数年たっていたが、ベストセラーを連発しており、意気軒昂だった。

そして、最新の量子力学や深層心理学と、仏教の教義との類似性に着目した『ここまで来た「あの世」の科学』（祥伝社）という本を書いたとき、松原泰道師に推薦文を依頼した。師は夜を徹してゲラ（校正刷り）を読まれ、翌朝推薦文を取りに行った編集担当者にすごいことをいわれた。

「これは恩書です。人に恩人がいるように本にも恩書があります。私はこの歳（当時八六歳）になって、このような恩書にめぐり合うとは、思ってもみませんでした」

このことばは、私に大きな衝撃を与えた。まさに人生を一変させるだけの力を持っていたのだ。それまでは、猛烈企業戦士として歯を食いしばってがんばっていたのが、ふっと力が抜けた。会社の価値観とは一線を画するようになり、自分自身の人生を歩めるようになっていった。

基調講演でこのエピソードを披露したとき、私は不覚にも感極まって涙があふれ、ことばにつまり、三〇〇〇人の聴衆を前にして舞台の上で立ち往生をしてしまった。

おそらく、いちばん驚いたのは私自身だっただろう。それまで一七年間もソニーの役員を務めており、鎧兜《よろいかぶと》に身を固めて、自分自身を厳しく律し、いついかなるときにも冷静さを失わないように生きてきた。人前で泣くなどということは、まったくあり得ないことだったのだ。

以前の私だったら、人前で泣いたりしたら、恥ずかしくて、その後は生きていけないぐらいに思っていた。

ところが、舞台の上で感情をあらわにして泣いているとき、私は妙にすがすがしい気持ちになっていた。松原泰道師に対する感謝の気持ちを全身で表現できたのだ。見ると、聴衆の半分ぐらいがもらい泣きしていた。

やがて拍手が起こり、その音がどんどん大きくなり、温かく私をつつんだ。大勢の聴衆を前にして泣き出し、無様《ぶざま》にも立ち往生してしまった私を、私自身が受け入れ、聴衆もまた受け入れてくれたのだ。

前掲の「天外塾」実況中継でCさんが質問する前に、情動に接地するということの例として私がこの話をし、それがトリガー（引き金）になって休み時間に本田健氏の話が出て、そしてあのような質疑応答の展開になったのだ。

かつては私自身もそうだったように、経営者は皆、鎧兜に身を固めて日々戦っている。情動に接地すると、いくらことばで語っても、それは実感をもって受け取ってはもらえない。

しかし、このようなエピソードを積み重ねていくと、少しずつ鎧がゆるんでいき、ディープ・グラウンディングの方向に歩みを進めることができるようになっていくだろう。

◉「天外塾」実況中継3（アルマック本社、二〇〇七年六月七日）

前回の講義終了の後、「長老型マネジメント」の例として、ある演劇のメイキング・ビデオ（非公開）が特別に提供され、皆で鑑賞した。公演期日がせまってくるのに舞台の完成度が上がらず、全員が不満をつのらせるのだが、演出家はいっこうに動こうとしない。ついに、しびれを切らして主演男優が演出に手を出して皆をまとめていく、という内容。

塾生の質問から、その話題になった。

天外　……全体がぐじゃぐじゃになっていっても、演出家は黙って見ているだけ。そしてついに、主演男優が演出家を無視して、全体の演出をはじめてしまう……。あれをご覧になって、どう感じられました？

塾生D　最近どうも、社員との間がうまくいってないので、身につまされました（笑）。

天外　あ、いや、そうではなくて……演出家は当然のことながら長年演出をやってこられて、自分のスタイルを持っているはずだし、確固たる自分の演出というのがあるはずでしょう。で、主演男優がしゃしゃり出てきて演出をはじめたら、当然自分の好みとは違うと思うんですよ。自分の好みと違う演出が、どんどん、目の前でインプリメントされていくわけ。それを黙ってじっと見ている。口を出さないでね。これって、結構しんどいことだってわかります？

じつは、自分の好みと違うことを、ちゃんと受け入れられるかどうか、ということは、「長老型マネジメント」のキーのひとつなんですよ……。

塾生D　あのですね。それはやっぱり、主演男優がやりはじめたから、演出家は任せることができたんで……うちの社員は、こう、ちょっとレベルが低いから、やっぱり、ここはちょっと任しきれないと思っちゃうんですけど……それは……やはり私自身のレベルが低いってことですかね（笑）。

天外　よーくわかっておられますね（笑）。でも、Dさんだけじゃなくて、ほとんどの経営者がそう思ってらっしゃる。「長老型マネジメント」の話をすると、それは優秀な社員が揃っているソニーさんだからできるんでしょう、うちはレベルが低いからとても無理ですよ、と必ずいわれる。

そんなことないですよ。

どんなレベルでも通用する一般論です。

誰でも、組織を自分が背負っていると自覚すれば、すごい力を発揮しますよ。その自覚をうながすのが「長老型マネジメント」。僕はいま、「ホロトロピック・ネットワーク」という団体を主宰してますけど……会員が八〇〇人ぐらいでね。年間二〇〇〇万円ぐらいのお金が動いています。でも運営にはタッチしてませんそ。実質的には主婦が二人で仕切っているんです。その二人はボランティアとして勝手に集まってきた人たちで、別に入社試験をやって採用したわけではありません（笑）。講演会やセミナーを企画して、ニュースレターを発行して、会員の入会や退会の管理をして集金をしてね。僕も頼まれると講演をしたり、セミナーをしたりするけど、その案内が僕のところに来ないことがあるんだね、ときどき。「あ、天外さんに出すのを忘れてた」（笑）なんていわれて……そのぐらい存在感が薄い。逆に彼女たちは全部を仕切っているという自覚に燃えてるんだね。僕は、「いつも忘れられている、あわれな代表」といっている（笑）。そのくらいでちょうどいい。

それを、上の人が下を見て、何てぼんくらなんだと思って、あれこれと細かいことまで指示・命令をすると、下の人たちは皆自分のエンジンのスイッチを切っちゃう。疲れるからね。そうすると、本物のぼんくらになっちゃうから、上の人は何てこいつらはぼんくらなんだと嘆きながら舌打ちして、ますます指示・命令を出しまくる……。

塾生D いま、自分がいちばんぼんくらだということに気づきました（笑）。

天外 そう、そう、そうなんだ（笑）。あ、ごめんね。あなたを批判してんじゃなくて、ほとんどの人がそうなの。部下がぼんくらに見えたら、それは部下の問題じゃなくて、本人の問題なんだね。本人がぼんくらなんだ。

でも、急に切り換えないでくださいよ。三年とか五年とかかけて、ゆっくりとね。本人も成長しなくてはいけないし……。

Dさんのところで、いますぐ「長老型マネジメント」をやって、社員に全部任せてもうまくいかないよ。あっという間につぶれる。あっ、それをビデオに撮ろうか（笑）。

塾生D　かんべんしてください（笑）。

天外　まだ半分ぐらいの人は、よくわかってないと思うんだけど、演出家の包容力というか、何ていうか、大きさだね。表面的なあれこれを超えた、透徹した眼力というか、これもじつは、ディープ・グラウンディングなんだけど……ま、僕はお芝居の世界は全然知らないので想像でいってるんだけどね。

主演男優が皆と議論しながら、演出をまとめようとしだしたよね。まあ、主演男優でも、演出家じゃないわけだから、そんなにうまくできるとは思えないわけ。

たぶん、演出家が自分でやったほうがクオリティは高いと思うんだよね。演出としては。でも、それではダメなんだよね。これは、永年マネジメントをやってきたから、確信を持って言えるんだけど……。

演出家として有名な人がいて、皆がそれを慕って集まってきて、演出家の指導のとおりに動く。これでは、チームとしての力は、それなりなんだね。一人ひとりが受動的で、自分の内側からのエネルギーが出てこない。火がつかないんだ。

それを、チームをぐじゃぐじゃの状態に追い込んで、ほったらかしにして、火がつくのをじっと待つ。並の大きさの人では、できる業《わざ》じゃないんだよ。

そこで、ついに主演男優がしびれを切らして、乗り出してくる。演出家とは関係ないところからね。自分の好みとは違う演出がおこなわれても、演出家は一切何もいわない。

チームには、危機意識の中で、全部を自分たちが作り上げなきゃいけない、という自覚が出てくるんじゃないかな。それで、だんだん火がついていく。そしてついに「燃える集団」のスイッチが入る。

演出家は、何もしていないように見えるけど、いや本当に何もしてないよね（笑）。でも、「何もしない」という、ものすごいことをしているわけ。彼は、全部わかっていて、意識して「何もしない」をやってたと思うよ。これが「長老型マネジメント」の極意なんだよ。わかるかな……。

塾生E　何回聞いても、難しくてよくわからないという感じで……自分なりに整理すると、何かこう、順番になっているのかと……。まず「フロー」を感じて、それから「燃える集団」を作って、それから意識の成長・進化に取り組んで、「ディープ・グラウンディング」に達して、ついには「長老型マネジメント」ができるようになる……何か自分が進んでいくべき道のりの順番を意識するのが、いいんでしょうか、悪いんでしょうか。

天外 いいんでしょうか、悪いんでしょうか、という質問に対しては、いい悪いの判断はしないでいただきたい、というのが僕のいつもの答えです。要するに、いい悪いというのはジャッジメントですから、基本的にジャッジメントをはずということが、いま皆さんにとっていちばん大切なことです。いい悪いを超えて素のまま受け取る練習が必要です。これは、運命の話のときにもう一度話します。

で、いまの質問は、いい悪いということではなくて、「フロー」があり、「燃える集団」があり、「ディープ・グラウンディング」があり、「長老型マネジメント」があり、これらが段階を追って発現するものなのか、それとも順番は関係ないんだろうか、というところにいちばんの疑問があったんじゃないですか？

塾生E そのとおりです。

天外 答えは簡単、順番は関係ありません。

これは、はっきりいって、全部独立なんです。「燃える集団」「フロー経営」

「長老型マネジメント」それぞれ、互いに関係はあるけど、別々の話。

前回のときにも申し上げたけど、「燃える集団」というのは「長老型マネジメント」のもとで発生しやすいのです。ですから、「長老型マネジメント」というのは「燃える集団」を出現させるためのひとつの手段なんですね。でも、「長老型マネジメント」がなくても「燃える集団」は出現します。

前回ちょっとお話ししましたように、アップルのスティーブン・ジョブズとか、今度ソニーを辞めちゃったけど、プレイステーションをやった久多良木健とかね。すごく似ているんですよ、この二人は。この本［1］で僕が「ダメ上司」に分類した「馬頭観音型マネジメント（部下を常に叱責し、罵倒するマネジメント・スタイル）」だし、「マイクロ・マネジメント（細かいことにいたるまで、いちいち口を出すマネジメント・スタイル）」だし、「長老型マネジメント」にはほど遠い。

でも二人とも、エンジニアが燃えて夢中になるような目標をすごくクリアに提示する才能があるんですね。そうすると、エンジニアたちは、結構しんどい思いをしているんだけど、結果的に「燃える集団」に入っていってしまう。

だから、相当にひどいマネジメントのもとでも「燃える集団」はできるんです。「長老型」が唯一の条件ではない。

でも、総合的に見ると「長老型マネジメント」がお薦めです。要するに、人がちゃんと育つんですよ。「馬頭観音型」や「マイクロ・マネジメント」をやってると、「燃える集団」ができて、すごい成果が上がっても、次のリーダーが育たない。組織運営上は大問題です。

あ、スティーブン・ジョブズに関してひと言いっておくと、僕が彼を個人的によく知っていたのは、もうかれこれ二五年前の話だからね。いまは、すっかり変わっているかもしれない。

彼は、サンフランシスコ禅センターの高弟で、もう三〇年以上禅とか瞑想とかを続けているんですよ。だから、内面的に相当充実している可能性はあります、現在はね。僕がいつもいっている、「意識の成長・進化」という意味では、彼は自分で意識して着々と努力をしてきている数少ない経営者のひとりです。最近のアップルの復活や、ＰＩＸＡＲが大成功してディズニーに売却したり、というのは、その彼の変容と関係があるかもしれないし……。

塾生E　いまのお話を聞いててすごく感じたのは、何かひとつひとつを追求するんじゃなくて、もっと全体としてとらえなくちゃいけないのかなって……。

天外　とらえなきゃいけないというと、またさっきと同じ話で、いい悪いの判断になっちゃうけど、そうじゃなくて……でも、全体というのは、いい感覚ですよ。何かこうディテールを聞いて突っ込んでいくというより、僕の話を全体として、ホワッと感じてほしいんです。前にもいったけど、どうせことばでは伝えられないことを伝えようとしてるんだからね。

毎回四時間で、六回という、すごい長時間やるのはそのためで、部分的なテクニックだったら、もっと短時間で伝わるけど、そうじゃないわけ。その全体像を、ほのかに感じてほしいんです。

岡田　いまのお話で、ちょっと思いついたんですけど、チームがフローに入るときに、この演出家みたいに、トップが存在感を消すだけじゃなくて、別の例もいくらでもあるような気がして……たとえば、サッカーの話ですが、某チームの監督は皆に馬鹿にされて、選手に「あんた黙っといてよ」とか「あいつじゃダメだよ」とかいわれて、本人は悩んで、悩んで、吹き出物とかいっぱいできて「俺は皆に馬鹿にされて……」と落ち込んでいた。でもそのとき、そのチームはめっぽう強かったんです。

それから、トルシエがワールドユースで準優勝したんですけど、ワールドユースってのは二〇歳以下ですけど、世界で二位になった。これはものすごいことですけど、そのときはアフリカでやったんですね。ところが予防接種を受けていない選手は渡航できないことが直前にわかって、トルシエが選んだメンバーが行けなかったんですよ。そしたら、トルシエは完全に切れちゃって、こんなメンバーで勝てといっても無理だって、ふてくされて、俺は知らないよ、と投げ出しちゃったんですね。それで、彼は試合の前日に行ったんですよ。そのとき、小野伸二というのがキャプテンで、あんなやつ放っとこうぜ、おれらでやろうぜっていって、ものすごく団結したんです。それで準優勝しちゃった。

結局、あいつが嫌いだと思わせるようなマネジメント、あるいは本当は尊敬されたいんだけど馬鹿にされているといった状況で、チームが「フロー」に入ることもある。本人は意図してやってるわけじゃないけどね（笑）。

天外　そうですね。「燃える集団」というのは、チームの人たちが、内側からこみ上げてくるものを大切にすること、もうひとつは、自分たちで状況をコントロールできるというのがポイントですね。だから、監督がトロいから無視しようぜっていうときも「燃える集団」になりやすいし、監督が切れてそっぽを向いてるときも同じですね。「長老型」だけが唯一の方法論じゃない。

岡田　僕は、あのビデオを見ていて、すごく気になったんですよ、逆に。チームがぐじゃぐじゃになって、皆が不平不満だらけになっているのに、なんで放っておくんだってね。普通だったら、不平・不満に対処しますよね、トップとして。どうしたらいいんだ、と意見をいわせる。いい意見があったら、それでやってみたらどうかっていったりして、次の方向を探っていく。

天外　たしかに、あそこまでぐじゃぐじゃになって、皆が不平・不満だらけになって、でも何もしないっていうのは、一般にこうあるべきだと考えられているマネジメントじゃない。だから、並の神経じゃできないかもしれませんね。たぶん、そのあたりがディープ・グラウンディングなんだと思うんです。要するに、チーム・メンバーにどう思われようと、ビクともしないんですね。嫌われようが、無視されようが動じない。ひたすら、自律的な動きが出るのを待ち続ける。

演出家に対する文句もずいぶん撮られてるよね。一瞬僕は彼は皆の信頼を失ってしまったのかと思ったけど、ひょっとすると、彼は、自分に対する皆からの信頼は、何があってもゆらがない、という自信があったのかもしれない。

岡田　だからあれは、あの人のキャラだからああなったわけで、ほかの人がやってもああはならない。

天外　そのとおりだと思いますよ。第一にディープ・グラウンディングに達していない人は、あそこまで放っておけないですよ。やっぱり自分の評判は気になりますからね。チーム・メンバーからクソミソにいわれればじめて平然としているわけにはいかない。リーダーとして何らかの手を打ちたくなってくる。

岡田　僕は、あれはあまりしっくり来なくて……僕が演出家で、主演男優が不満を持っているのがわかったら、まず彼と話すと思うんです。そのほうがスムースに、いい方向に持っていける。だから、この演出家のやり方だけがベストじゃなくて、いろいろあるんじゃないかな。

神田昌典　演出家から直接聞いたんですけど、彼もあのスタイルが固定したものではなくて、集まってくる人たちの顔ぶれとか雰囲気でさまざまなやり方がでてくる。場合によっては、すごく介入するし、びしっと演出を指導することもある。すごくバリエーションがあるんだけど、彼はパターン化を一切拒否してるんですね。僕は実用的なノウハウを引っ張り出したいんで、パターンを聞き出そうとするんだけど、彼の答えは一貫してパターンを壊すことをやってきたんだっていうんですね。やはり、演劇というのは「なまもの」なので、パターン化すると死んでいくものがあるってね。その場、というのを常に強調されていました。ちょっと舞台裏の情報です（拍手）。

天外　ありがとうございました。とても貴重なコメントですね。演劇がなまものなら、経営もなまものですよね。それを経営学者やコンサルタントが、パターン化してどんどん殺していく（笑）。皆はその死骸に群がっているわけ（笑）。

パターン化すると、その狭いパターンの中にあらゆる現象を押し込めようとするから、必ず無理がでてくる。パターンのないすばらしさ、その場で自然に起きることにゆだねる、というのが最高のやり方ですね。

そういう意味では、僕も罪を作っている。さっきのEさんの質問に戻るけど、「フロー経営」とか「燃える集団」とか「長老型マネジメント」とか、ネーミングしたものだから、それがパターン化されて、全体を見えなくしている。ネーミングしないと伝わらないんだけど、ネーミングしたがために失ってしまうこともたくさんあるわけ。僕もそういう意味では、死骸をばらまいている。どうか、その死骸にまどわされないようにしてください（笑）。

第15章

徹底的な信頼による活性化

——セムラーの経営学

セムコ社の経営改革

一九五九年ブラジル生まれのリカルド・セムラーは、高校時代にロックにのめり込んだ。あこがれのギブソン・レスポールのギターを入手し、ベースやドラムスの演奏まで手を広げた。

そのころは、まだカウンターカルチャー（対抗文化）の残り火があちらこちらでくすぶっていただろうし、ウッドストックの伝説は遠いブラジルまで伝わり、生々しさを失っていなかっただろう。

経営学者は誰も気づいていないと思うが、そのことと、人々があっと驚くような経営改革を彼が遂行したこととは、密接に関連がある。

これに関しては、後で解説する。

一九八〇年に父親の会社（セムコ社）を引き継いだとき、セムラーはまだ二一歳、経営の実務経験はほぼゼロだった。

にもかかわらず、彼はただちに古参の幹部社員一五名を全員解雇した。折からの造船不況で、船舶関連機器を製造するこの会社はにっちもさっちもいかなくなっていたのだ。

彼は、企業経営の経験豊かな男をあらたに雇い入れ、多角化に乗り出した。

この男は、ファイアストン、シャープ、ゼロックスなどで要職を経験しており、語学の才があり、きわめて有能なのだが、短気なのが玉にキズだった。シャープでは社長の補佐役だったが、会議で日本語で「バカヤロウ！」と叫んで辞表を叩きつけた、というエピソードがある［9］。

その後、何人かの優秀なマネジメントを雇用できたこともあって、かなりの綱渡りだったのだが、セムコ社の業績は順調に回復した。

このころのセムコ社は、大企業ばりの精緻で厳密な経営管理システムへ、まっしぐらに進んでいった。セムラー自身は、内心違和感があったのだが、これが企業経営の王道だ、といわれると従わざるを得なかった。

毎年一回、経営幹部が家族ぐるみでリゾートに集まり、戦略を練るのがならわしだったが、一九八五年の戦略会議の折、次に示す深刻な路線の対立が表面化した。

A．法と秩序と組織を重視する従来型のマネジメント

B．参加意識に支えられたやる気を持った人間を尊重する新しいマネジメント

すでにお気づきと思うが、12章で述べたように、Aは従来の合理主義経営学、Bは新しい潮流である人間性経営学に対応する。

しかしながら、この対立は新しい潮流への最初の胎動であり、セムラーの経営学が誕生するまでには、まだまだ長い道のりが必要だった。

このころのセムラーは、過労とストレスで体がガタガタだった。午前中は喉の痛みで流動食しか受け付けず、旅先では何度も失神した。彼がまずはじめたのは、自分の内側における戦いだ。本人は、「時間病」との戦いと呼んでいる。「経営者たる者は、誰よりも熱心に長時間働かなくてはいけない」という固定観念から脱却することだ。

彼はその本質が内なる「不安感」との戦いであることを見抜いていた。これは、人間心理の深い理解をあらわしており、自らとの戦いのプロセスの中で、もし自分自身で気づいたとしたら、きわめて非凡な才といえる。

この人間の深層心理への理解力は、その後の彼の経営改革の成功に大きく寄与しているはずだ。

深層心理学とカウンターカルチャー

いま、カウンターカルチャーの影響と、深層心理学の理解という、セムラー経営学誕生のための二つの要素を示した。じつは、一九八五年の対決の場についての記述に、それが読み取れるのだ。以下引用する［9］。

――次に起こったことは、ひどいという以外に形容しようがない。私は会議室に戻ったが、誰もが石のように押し黙って座っていた。ある者は、禁煙席でたばこの煙を上げて、明らかな敵意を示していた。私は部屋の前に進みながら、ユングやレインの心理学手引を思い出そうとしていたが、瞬間ライヒの方がこの場合は役に立つのでは、などという考えが頭をかすめ、必死になにかヒントになるものを探していた――

つまり、セムラーはこの時点で、深層心理学をよく学んでおり、実地で応用していたことをうかがわせる。

ヴィルヘルム・ライヒはフロイトの弟子だったが、異説をとなえて破門されてアメリカに渡り、カウンターカルチャーに多大な影響を及ぼした深層心理学者だ。13、14章に記した、近代文明人は「情動」や「身体性」を切り離した状態で生きている、ということを最初に発見したひとりだ。彼の理論から多くのサイコセラピーの手法が生まれた。

もうひとつの興味深いポイントとして、右記AとBの激しい対立を、セムラーは次のように表現している［9］。

――この会議は、言わばウォータールーとウッドストックが対決するようなものであり、私には、ナポレオン達とティモジー・リィアリー達がどうしたら妥協点を見いだせるのかまったく分からなかった――

ティモジー・リィアリーというのは、ドラッグによる意識の変容で社会が変容する、と説き、カウンターカルチャーを主導したハーバード大学の心理学の助教授だ。

たった三行の記述だが、セムラーはBの思想、つまり私のことばでいう、新しい潮流とか「人間性経営学」とかが、じつはカウンターカルチャーの流れであることを示唆している。

この対決は、その後しばらくの間、会社の中で尾を引いていた。

セムラーは、解決のため、さまざまな試みをおこなった。

まずは、月並みの提案箱からはじまり、指導者講習会を催し、日本のQCサークルを導入した。そして、世に提唱されている経営手法を次から次へと矢継ぎ早に導入した。

このとき彼が読んだ経営書は、天井まで届く大きな本棚二つを一杯にした。

しかしながら、会社の状況はいっこうに改善されなかった。従業員は熱意に欠け、抑圧されているように見え、会社に生命の躍動がなく、重い病気にかかっている感じがした。

このあたりは、5章で述べた出路のケースとほぼ同じ経緯をたどっている。

これは私の勝手な想像で文献［9］には書いてないのだが、このあたりでセムラーは徹底的に教育学を勉強し、その影響を受けたのではないかと思う。じつは、前に記したカウンターカルチャーと深層心理学につけ加えて、教育学がセムラーの経営学を構成する重要な要素になっている。これについては17章で解説する。

会社全体としては、従来どおりのAの路線で行くのか、それとも思い切ってBに舵《かじ》を切るのか決まっていなかったのだが、セムラー自身の腹は次第に固まっていった。それは、本棚二つ分の経営書を無視することであり、それを読んだ努力と時間を投げ棄てる方向でもあった。

参加型経営の導入

従来の企業経営システムというのは、「従業員は信頼するな!」という信念の上に構築されている。そのシステム自体が、抑圧のメカニズムになっており、従業員の気力を奪い、やる気をなくさせているのだ。

セムラーはまず、抑圧と不信のシンボルであった退社時の身体検査をやめた。その後、従業員を信頼していないと思われるシステムを、次々に改善していった。

同時に、世界中に人を派遣して、先端的な経営を実地に調査した。その中には、スウェーデンのボルボ社、韓国の三星系企業、日本では、トヨタ、京セラ、シャープ、TDKなどが含まれている。

この調査を通じて、「カンバン方式」「アメーバ経営」「セル生産方式」などが導入されている。

セムラーが最も影響を受けたのが、アメリカのゴア社だ。彼自身のゴア社に関する記述を引用しよう［9］。

——この会社は、伝統的組織図を廃棄し、社内では『格子組織』と呼ばれる、職務相互の間に階層支配関係のない組織を作った。ゴア社は、マネージャー達の名刺の肩書を全廃し、サラリーは個人の月ごとのパフォーマンスに従って決定するシステムを採用、金額の決定は複数の従業員グループによってなされ、このグループは必要であればサラリーをゼロにまでする決定権を持っていた。(社長のビル・ゴアーによれば、この措置によってパフォーマンスの悪い人間は職場から排除される由である)——

後にセムコ社は、工場を小規模に分割するが、これはゴア社のポリシーそのものだ。

一般にビジネススクール的な合理主義経営では、工場は規模が大きいほど有利になる。仕入れの規模が拡大し、間接部門の効率が上がるからだ。

ところが、規模が大きくなると、お互いに顔見知りではなくなり、従業員は「やる気」を失う。

ゴア社では、重要案件の決定を一般従業員（アソシエート）がおこなうが、規模が大きくなるとその参加意識が望めなくなる。したがって、独立したひとつの工場組織の規模を二〇〇人以下に制限している。

——事業所が一定以上の規模になると、「我々が決めた」が「彼らが決めた」になる。モチベーションが下がり、官僚主義がはびこりはじめる——（ビル・ゴア）

セムコ社では、ピラミッド型の組織をやめ、ゴア社と同じように重要案件は従業員の投票で決定することにした。これには、中間管理職の反乱もあったが、ねばり強く話し合いを続け、ひとつの事業所から導入された。

当初議題は、職場環境の改善や食堂での食費の負担率の変更など身近な問題が多かったが、やがて業務システムの改善、製品の改良、品質の向上などに自主的に取り組むようになり、その事業所の業績が見る間に改善しだした。その後全社的にこのやり方が導入された。

——俗に参加型経営と呼ばれているものは、実は単なる協議型経営なのだ。これではなにも新味はない。マネージャーというものは、過去何世紀にもわたっていつの場合でも部下や従業員と協議してきているのだ。今大切なのは、ボスの地位にあるマネージャーが自分で意志決定するのをやめてこそ、始めて本当の労使双方によるビジネスの共同経営が可能となるのだ——（リカルド・セムラー）［9］

これは、私が「長老型マネジメント」と呼んでいるスタイルと、ほぼ一致している。セムラーは、人間性とか徳とかには言及せず、いきなりこのやり方を全社に導入してしまった。

上司を部下が評価

しかしながら、よく見ると、ちゃんとリーダー・クラスの人間性を向上させ、レベルの低い人を排除するしくみが導入されている。

それは、部下による上司の評価システムだ。半年に一度、部下による無記名のアンケート調査が実施され、すべての上司の点数が全社員に公表される。

そのアンケートの全文は、文献［9］に掲載されているが、ごく一部を左記に示す。

①批判されたときの、この人の対応は

a. 無視するところが良くない

b. 否定するところが良くない

c. かなりよい

d. それを受け止めて、よく対応する

②この人の部が高い生産性を上げると、彼は普通

a．他の人たちの成功を自分で独り占めにする
b．成功に寄与した個人の功績を認める
c．グループ全体の功績にする

③この人はその下で働くチームに
a．恐れと不安を与える
b．無関心だ
c．安心感と安らかさを感じさせる

④この人は
a．部下全員に、いつも自分がボスであることを示そうとする
b．時々、自分がボスであることを示そうとする
c．ほとんど、自分がボスであることを主張しない

このアンケートを一瞥《いちべつ》すれば、理想とするリーダーの方向性がすぐわかる。つまり、半

年に一度これにさらされていれば、自我の肥大した管理志向のリーダーは、自動的に排除されるしくみになっている。また、リーダーの地位を保つには、常に自らの人間性の向上に取り組んでいないといけない。

また、従業員に経営判断を託すわけだから、すべての経営情報は公開されていないといけない。これは結構勇気のいることだ。競合他社に漏れることをはじめとして、情報を悪用される心配をしだしたらきりがない。

従来は逆に情報を制限することが、部下を上手に使うコツだと考えられていた。「由《よ》らしむべし、知らしむべからず」として、部下を依存させて使ってきたのだ。

しかしながらセムラーは、情報の多寡で権力構造が決まる従来のピラミッド型組織の病理的側面を見抜いていた。組織の階層を上ることは、本人の表層的な満足感をくすぐるが、人間的な成長がともなっていないため不安感は拡大する。その不安感の代償作用として、自分は部下より偉いのだ、ということを何とか証明しようとする。自分は部下より多くの情報を握っている、というのは、不安を解消する格好な逃げ道なのだ。

管理職の病理的な側面は、必ず従業員の精神的抑圧につながる。

情報を開示しても、それを読めなければ何の意味もない。セムコ社ではバランスシートやキャッシュフロー・チャートなどの財務諸表の読み方の講習会を開いており、清掃係にいたるまで受講している。

ルールと組織図を全廃

次にセムラーは、ルールや標準を全廃する方向に動いた。これに関しても、中間管理職の抵抗は大きかったのだが、就業規則、出張規定、業務標準、職務記述書、キャリアプラン、企業理念など、すべて廃止した。

ひとつには、ルールは、従業員が自由に行動すると会社にとっては不都合を生じるという前提のもとに作られているからだ。それはとりもなおさず、会社は従業員を信頼していませんよ、というメッセージに他ならない。

もうひとつは、従業員の行動がルールに合致しているかどうかをチェックするため、莫大な時間が費やされているからだ。出張に関するルールがなくなれば、出張報告書をチェックする必要もなくなる。

セムラーは次のようにいっている［9］。

——ごく少ない例外を除けば、ルールや規則というものは次の目的に役立つだけだ。

1．会社の本来の目的への注意が留守になる。
2．幹部社員に空虚な安心感を提供する。
3．非生産的で不要な業務を生み出す。
4．もう役にも立たない古いやり方に固執する。——

業務標準、職務記述書の撤廃は、労働組合から強い反撥があった。もともとそれらは、従業員を機械的なロボットとみなす、非人間的な合理主義経営学の産物だったのだが、いつの間にか組合が逆手に取り、記述された以外の職務を一切拒否するという、労使の戦いの道具になっていたのだ。当然それによる生産現場の非効率性は、目にあまるものがあった。

ルールを撤廃することにより、ひとりの人間が必要な業務を何でもこなすようになり、生産性は見違えるように向上した。

このあたりの記述は、日本人には奇異に感じられるかもしれない。

日本では、ひとりの人間が多くの業務をこなしたり、隣の課が多忙だったら自主的に手伝ったりすることが、ごく自然にあたり前のように実行されているからだ。

じつは、現場の平均的な実行レベルとしては、日本の企業は欧米に比べてはるかに進んでいる。

セムラーもそれは認めており、日本の企業経営のスタイルを参考にしたと述べている。ただし、闇雲に年長者を尊重する年功序列や、面倒を見るかわりに滅私奉公を強要する大家族主義経営には、嫌悪感をあらわにしている。これはむしろ、ブラジルに多く見られる家父長的経営スタイルに対する反撥が尾を引いているように見受けられる。

──家父長的慈愛なるものを自慢にするボスに限って、ともすれば片手で相手の頭をなで、もう一つの手で平手打ちを食わせるというのが多い。家父長的経営の下では、従業員は自分の心を職場生活と引き替えに会社にリースしてしまうのを強いられる──（セムラー）

チームのボスを採用するとき、それが社内からの登用だろうと、社外からの引き抜きだろうと、チーム・メンバーによる四〜五回のグループ面接がある。つまり、自分たちのボスは自分たちで決めるのだ。その面接に誰も従業員が姿をあらわさなかったら、そのポジション自体が廃止になる。

すべての会議の開催は全員に知らされ、誰でも自由に参加できる。役員会ですら、事前に議題が呈示され、一般従業員の席が二つだけ用意され、先着順で出席できる。もちろん彼らにも一票の投票権がある。

それまでも、中間管理職の削減の努力は続けてきたのだが、最終的には「同心円組織」と称する構造を採用した。

職階は基本的には四階層。トップマネジメントの六名を「カウンセラー」、事業の責任者の七〜一〇名を「パートナー」、部下を五〜三〇名持つ現場の責任者を「コーディネーター」、それ以外の一般従業員を「アソシエート」と呼んだ。

この改革は、大きな痛みをともなった。ほとんどの中間管理職が廃止されたため、多くの優秀な人材が退社した。

セムコ社では、基本的にアソシエートがデシジョンする。自分の手に余ることのみをコーディネーターに相談する。コーディネーターにとって手に余る問題や、工場全体に関する問題は、月曜日に開かれる工場委員会に提出する。さらに、そこで手に余る問題は、火曜日に開かれる役員会（カウンセラー＋パートナー＋任意の二名）に出される。

つまり、デシジョンは徹底してボトムアップなのだ。上からの指揮統制、指示・命令は原則として存在しない。コーディネーターの役割は、9章、11章で述べたようなファシリテーターであり、管理者ではない。

工場委員会でのデシジョンは、ひとり一票の投票によって決まる。つまり事業所の責任者であるパートナーが、個人としてデシジョンするわけではないのだ。

この改革の後、社内には組織図はなくなった。

給料は自分で決める

セムコ社のもうひとつの大きな特色は、給与を自分で決定することだ。

これは、ほとんどの人にとっては信じられないだろう。そんなことをしたら、不当に高い給与を決定する従業員が続出するのではないかという心配がある。

ところが、その心配の背景には、従業員は会社のことより、自分のエゴを追求するだろう、という予測がある。つまり、従業員を信頼していないのだ。

たしかに、いまの企業は「隙あらば……」と自らのエゴを追求しようとする従業員にあふれている。したがって、厳しい管理とルールでしばらないと、従業員は何をしでかすかわからない、というのも事実だ。

ところが、じつはその状況は、会社自らが招いているのだ。つまり、会社側が従業員を信頼しておらず、従業員はその不信頼にしっかりと応えているだけだ。

セムコ社では、会社側は従業員を徹底的に信頼しており、従業員はその信頼にしっかりと応えている。

つまり、従業員は経営者の視点になっており、給与が上がれば経営を圧迫することをよく承知しているのだ。全従業員の給与は公開されているので、突出した給与は人々の目にさらされる。そういう人も出てくるのだが、だいたい短期間で他社に移っていく。

むしろ、遠慮して不当に低く給与を申告する人が大勢でてくる。そういう人たちは、周囲が説得して妥当な水準まで引き上げるのだ。

結果として、全員がきわめて妥当なレベルに落ち着く。

『セムラーイズム』[9]が書かれた一九九〇年代初頭では、この給与自己決定制度は、コーディネーター以上のみに適用されていたが、この本で予告されているように、現在では全従業員が対象になっていると思われる。

ブラジルという国は、経済政策の失敗により、四〇%を超えるハイパーインフレーションが続いたり、未曾有の不況が続いたり、産業界は何度も壊滅的な打撃を受けてきた。

それにもかかわらず、セムコ社は一九八二年の年商四〇〇万ドル、従業員九〇名の規模から、二〇〇三年の年商二億一五〇〇万ドル、従業員三〇〇〇名へと急成長を続けてきた。

ただし最近では、サテライト・プログラムと称して、生産設備を貸与して、社員に独立会社を作ることを奨励しており、法務や経理、人事などの間接部門も独立させて外注にするという政策をとり、全体としてスリム化をはかっている。

情報システム部、品質管理部、人事部、秘書などは廃止、本社要員はゼロにした。法律、会計、マーケティングなどの要員は四分の一に縮小した。

直感を磨くトレーニング

セムラーは経営で大切な要素は次の四つだといっている。

◉経営の四要素

（1）直感

（2）幸運

（3）失敗の体験

（4）セレンディピティー（偶然の賜物）

つまり、合理的につきつめて、新皮質を働かせてもうまく経営できるのではなく、直感などの古い脳を活性化する重要性を指摘している。これは、私が「天外塾」で説いていることとまったく同じだ。

7章で述べたように、セムラーは全社のコンピュータを撤廃し、手書き伝票処理に戻すという決断をした。IBMのメインフレームによる巨大な全社システムが吐き出すデータの山を、誰も見ていないことに気がついたからだ。それどころか、そのITシステムに合わせるために、業務の流れを無理に変えてかえって効率を落としていたのだ。

莫大な投資をし、一年以上の開発期間をかけ、大勢の専門家を雇い、ものすごい量の入力をこなしたあげく、業務はかえって停滞してしまったのだ。

それがわかったとき、巨大な全社ネットワークは、ただちに閉じられ、メインフレーム・コンピュータのスイッチは切られた。同時に情報システム部門は解散になった。

これはおそらく、セムラーがそのポリシーに逆らって、強権を発動したものと思われる。そこに私は、彼の激しい怒りが感じられた。

事業所は、昔ながらの手書き伝票処理に戻されたが、早速翌月から好業績を回復した。以後セムコ社では、コンピュータが必要なら現場で各自が導入することになった。システムの互換性などより、現場の使い勝手が優先されたのだ。頭で考えたトップダウン・システムが、いかにモンスター化しやすいかの好例だろう。

ただし、かつてのコンピュータ屋として、ひと言、言い訳をさせていただくと、ＩＴシステムのすべてがこれほどひどいわけではない。

セムコ社の事業責任者たちは、会計がしまる前に、自らの直感にもとづいて、その月の売り上げや利益を予想することが求められる。その数値は結果とともに、毎月公表される。

つまり、従業員たちは直感を磨くトレーニングを競い合っているのだ。

――データの山から算出したものより直感で出す結果のほうが、ずっと正しい。人は直感にもとづいて行動することを、もっと学ぶべきだ――（セムラー）

●セムラーの経営学の要点

1. 従業員は皆大人であり、適切な判断力を持っているという、徹底的な信頼感に基づく経営。
2. セムコ社の基本政策は「政策のないこと」。
3. ビジネス上のもっとも大切なコンセプトは「直感」「幸運」「失敗の体験」「セレンディピティー（偶然の賜物）」だ。
4. 会社の真の推進力は、従業員の仕事に関する純粋な興味と関心であり、とりわけ「やる気」だ。
5. 従業員は、自分が全体の大切な一部であることを心から感じ、それぞれ自分がベストと思うやり方で仕事を遂行することが望ましい。

6. 就業規則、業務標準、職務記述書、雇用契約、キャリアプランなど、すべて廃止。すべてを、自らの「常識」で判断するように指導。

7. 指揮統制（command & control）は一切しない。レポートや経費を承認する人はいない。作業員を監視監督する人はいない。

8. ボスの許可を求めずに、まず実行することを勧める。「許可を願うより、事後に許しを請え！」

9. ビジネス戦略、仕事のやり方、責任範囲は自分で決める。

10. 従業員が会社の間違いを恐れずに指摘するように勇気づける。会社は謙虚に学ぶ。

11. 日々のデシジョンのほとんどは、アソシエート（一般従業員）のレベルで自主的に行われる。大きな経営判断は従業員が参加する工場委員会で投票により決定される。

12. ボスは「自分では意思決定しない」という、真の参加型経営を忠実に実行。

13. ボスは、半期ごとに部下が評価する。結果は公表する。

14. 地位による権威を誇示したり、情報を握りしめることにより権力を維持しようとするボスは排除されなければならない。そういうボスは、地位にふさわしい人間力を身につけておらず、深層意識の不安感から、「自分は部下より偉いのだ」と他人に認めさせようとする。

15．ビジネスの責任者は、毎月会計がしまる前にその月の売り上げ、利益などを山勘で予想することが求められる。それは、実績と比較され公表される。つまり、データで管理するより、直感を磨くことが要求される。

16．従業員は会社の目標達成に邁進する前に、自分のやりがいと満足感を追求することを求められる。

17．会社の最優先課題は、従業員の生活の質の向上だ。製品の質、生産性、利益などの向上は、それにともなって自然についてくる。

18．ほとんどの人が二～五年で自主的に配置転換をする。それにより、惰性に流されることを防ぎ、複数の専門性を身につけ、会社全般の仕事の流れを把握する。セクショナリズムを防ぎ、自主的に仕事の穴を埋めることを可能にする。また部門の主《ぬし》のような人が発生するのを防ぐ。

19．新入社員は「宇宙遊泳」と称して、さまざまな職場を一年間渡り歩く。一年後に、それらの職場からのオファーの中から、本人が所属を決定する。どこからもオファーが来なければ、退職する。

20. 会社を休んで自己充電するためのさまざまな仕組みが存在する。たとえば、コーディネーター以上は一、二年に一回、急性肝炎休暇と称する数ヵ月の休暇をとることが奨励されている。

21. 会社は従業員のプライベートな生活に干渉しない。住宅、自動車などのローンのサービスはない。会社に運動場、プール、ジムなども設けない。

22. 事件が起きたら、個人を裁くより、再発防止を優先する。

23. 重要ポストの社外からの採用、あるいは社内からの登用は、部下になるべき人たちが複数回面接を実施。その面接に従業員が誰も姿を現さなかったら、そのポストは廃止。

24. 現場のリーダーは、会社側が指名するのではなく、従業員の間の尊敬を受け、その結果皆に推されることが唯一の条件。

25. 理念、ミッションステートメント、企業目標、ビジネスプラン、企業戦略、短期戦略、中長期計画などすべて廃止。

26. 組織図はない。

27. 職階は四階層。カウンセラー（トップマネジメント、六名）、パートナー（それぞれの事業の責任者、七～一〇名）、コーディネーター（現場の責任者）、アソシエート（一般従業員）。

28. コーディネーター以上の職階は、給与を自分で決定する。給与情報はすべて公開。

29. 本社はない。場所だけ存在し、大勢の人が出入りするが専任者はいない。「本社というのは管理と差別、権力欲の巣窟だ」

30. すべての経営情報は全員に公開。従業員がバランスシートやキャッシュフロー・チャートなどの財務諸表の数値を理解できるよう、徹底的に教育。

31. 利益の何％を従業員に還元するかは経営サイドと従業員が協議して決定。それをどう配分するかは従業員が話し合いで決める。

32. 役員会は、カウンセラーとパートナーのほかに、二名の従業員が先着順で参加できる。彼らも一票の投票権がある。討議される議題は、事前に全従業員に公表。

33. すべての会議にすべての従業員が参加可能。議事録はすべて公開。

34. あらゆる書類は、見出しつき一ページに限定（新聞記事のイメージ）。

35. 副社長、ＣＩＯ（最高情報責任者）、ＣＯＯ（最高執行責任者）などはいない。

36. CEO（最高経営責任者）は、カウンセラーのひとりが六ヵ月交代で就任。その間だけ代表権を持つ。

37. 情報システム部、品質管理部、人事部などを廃止。法律、会計、マーケティングなどの要員を七五％削減。秘書は全廃。

第16章　甦るカウンターカルチャー

挫折した理想

私ぐらいの年輩の人たちは、例外なく一九六〇〜七〇年代のカウンターカルチャーの記憶がある。

髪や髭が伸び放題で、奇妙なサイケデリックな服装をし、手足にやたらにビーズを巻きつけた、一見すると浮浪者のようなヒッピーたちが、世界中の街角にたむろしていた。その象徴が、ロックとドラッグとフリーセックスだった。

彼らの自由奔放な生き方に、大人たちは戸惑い、汚物を見るような目を向け、鼻をつまんだ。

普通の社会システムに組み入れられることを嫌った彼らは、理想社会を夢見て、多くのコミューン（生活共同体）を設立した。

ところが、その理想とは裏腹に、ドラッグで精神を蝕《むしば》まれた人々による犯罪が続出した。中には、仲間を殺して血をすすりながらドラッグに溺れるといった、猟奇的な事件も発生した。

ドラッグは法律で禁止され、官憲による取り締まりが厳しくなり、また彼ら自身の内面的な挫《ざ》折《せつ》感も拡がり、やがて潮が引くように下火になっていった。

それっきり、世の中はカウンターカルチャーのことはすっかり忘れてしまった。若者たちがいっとき迷っただけで、はしかにかかったようなものだった、ということで済ませてしまった。

カウンターカルチャーが目指した社会の変容はまったく起こらず、何事もなかったかのごとく、人々は相変わらず金銭的価値を求めて走り回っており、抑圧された競争社会が続いている。

かつてのヒッピーが、そそくさと背広に着替えて、金儲けに精を出したりしている。

それからしばらくして、やはり一時は世界を席捲するかの勢いだった共産主義も、力を失い、ほぼ消滅した。

カウンターカルチャーは、ドラッグにまみれた若者が推進していたため、仲間うちで盛り上がっただけで、まともに取り上げる人は社会の指導層にはほとんどいなかった。それに対して共産主義は、世の中では知識人と呼ばれるインテリ層が、長年にわたって熱心に推進した。

が、しかし、結局は同じことだった。両者ともに破綻への道を歩んだのだ。

どうやら、人間が「こうあるべきだ」と頭で考えたようには、社会というものは進化しないらしい。

カウンターカルチャーの遺産

しかしながら、それですべてが終わりかというと、そうではない。

共産主義の存在によって、資本主義そのものが変質した。見方によっては、共産主義の一部が、資本主義の中に取り込まれた、といってもよいだろう。

カウンターカルチャーも、表面的にはまったく姿を消してしまったが、どっこい地下水脈として、しぶとく生き残っている。

ひとつには、学問に与えた影響が大きかったことだ。

若者たちが、ドラッグにより犯罪や精神病に陥ることに対し、ＩＮＲＣ（国際麻薬研究会議）が組織された。緊急性を要したので、通常の学会とは異なり、未完成なデータや、未熟なアイデアもどんどん俎上《そじょう》に載せて討議された。

その結果、脳内に麻薬レセプタが存在することが証明された。また、人間が自らの体内で生成するのだが、分子式が麻薬と酷似している脳内麻薬物質が多数発見され、快楽を司るＡ10神経が発見された。

これらの一連の発見により、人間や動物の行動原理である報酬系のメカニズムが明らかになり、脳科学は急速に進歩した。

カウンターカルチャーはまた、合理性に塗り固められた西洋思想から、非合理的な東洋思想への回帰運動でもあった。

ドラッグによる、常識を超えた神秘体験をした若者たちは、それと同じことが仏教、道教、ヒンドゥー教、ヴェーダ哲学、『チベット死者の書（バルド・トドゥル）』などに記述されていることを知り驚いた。

そのことから、東洋の偉大な思想に対する憧憬がつのり、東洋のものなら何でもＯＫとされ、逆に西洋的なものはすべて否定された。空手や鍼灸まで大流行した。多くの若者が、インド、ネパール、日本などに行き、ヨーガ、瞑想、禅などを学んだ。

東洋の思想を大幅に取り入れた、ユング心理学がアメリカで大流行したのも、カウンターカルチャーのおかげだろう。

それまでの心理学が、精神を病んだ人のみを対象にした病理モデルだったのに対し、健常な人を対象にした成長モデルである「人間性心理学」が誕生した。

じつは、私が経営学や教育学の新しい潮流を表現するときに用いている「人間性」という形容詞は、この心理学から転用させていただいた。

その提唱者である、アブラハム・マズローは、その後スタニスラフ・グロフと共同で、宗教的境地やドラッグによる神秘体験まで視野に入れた「トランスパーソナル心理学」を新たに提唱した（彼は生涯で、二度にわたって大きな心理学の流れを提唱したことになる）。それが誕生したのは、ヒッピーのメッカであったエサレン研究所だった。

グロフは、LSDによる精神病の治療に挑戦していたのだが、LSDが法律で禁止された後は呼吸法と音楽とボディワークを組み合わせて薬物を用いないで変性意識状態に導く方法論を開発した。これは多くのサイコセラピーの基本になっている。

前章で触れたヴィルヘルム・ライヒは、カウンターカルチャーのころには亡くなっていたが、精神的ストレスや本人も気づかない抑圧が筋膜の癒着や筋肉のこわばりとなって、身体に刻印を残すことを発見した。

そのことから、近代文明人のほとんどが、情動や身体性と切り離された状態で生きていることが発見され、それを解消するためのさまざまなサイコセラピー手法が生まれた。

それらによって、人間の能力はまだまだ開花する可能性があることがわかり「ヒューマン・ポテンシャル・ムーブメント（人間のさらなる可能性を開花させる運動）」が起こった。

「ディープ・グラウンディング」ということばは私の造語だが、その概念そのものはこれらの一連の活動の中に見出される。

9章で、アーノルド・ミンデルの「プロセス指向心理学」が、ユング心理学と老子の思想を統合したものだと述べたが、これもカウンターカルチャーの影響下で生まれており、一般には「トランスパーソナル心理学」の中に含めて分類されている。

「天外塾」実況中継3で触れたスティーブン・ジョブズも、カウンターカルチャーの申し子であり、一〇代でインドに渡り瞑想を習得し、その後も禅の修行を続けている。彼は自らが菜食主義者なだけでなく、社内のカフェテリアにもそれを強制するなど、結構ヒッピー精神を発揮してきている。

カウンターカルチャーの表面はロックとドラッグとフリーセックスに彩られてはいたが、深層部では東洋の深遠な思想や哲学と、宗教の秘教的な側面が、西洋的な合理的な発想でもう一度見直され、深層心理学などと統合され、純化されたと考えられる。

9章で、本書で扱っている企業経営の新しい潮流は、はるか昔の老子の思想の復活にすぎないと述べたが、その復活を可能にしたのが、じつはカウンターカルチャーだったのだ。

医療と教育の改革へ

じつは私自身は、本書で述べている企業経営改革のほかに、医療システムの改革と教育改革に取り組んでいる。

傍から見ると、全然関連のない三分野に見えるかもしれないが、いずれも「人間の本質」を踏まえた議論であり、私の主張するポイントは三分野ともほとんど同じだ。

おそらくそれは、いにしえの東洋の賢人たちの教えにも通じると思われるが、むしろカウンターカルチャーの表現形式を借りて語ったほうが現代にはフィットするだろう。

私の医療改革は、病院という概念を否定するところが出発点だ。病気になったときだけ診《み》てもらう病院にかわって、病気にならないように生まれてから死ぬまでケアをする、「ホロトロピック・センター」という施設を推進している。

「ホロトロピック」というのは、グロフが自ら開発した呼吸法に命名した造語だが、「全体性に向かう」という意味を持っている。

これは、仏教でいう「悟り」の方向へ向かう、というのと、ほぼ同じ意味だ。

グロフが呼吸法セラピーの名称にこの名前を用いたのは、それが単なる治療や癒しを目的としているのではなく、人間として最も重要な「意識の成長・進化」を目指していることを示している。

私が、病院にかわる施設の名称に、このことばをグロフの許可を得て借用したのは、単に健康維持のケアをするだけでなく、人々の「意識の成長・進化」を、生涯にわたってサポートすることを主なる目的とするからだ。

じつは人は、病気になると否が応でも死と直面するため、意識の変容を起こしやすくなる。それを医療者が密かにサポートするのだ。

つまり、従来の病院のように、病気が治って元の生活に戻ればよし、とするのではなく、せっかく病気になったのだから、元より一段と高い境地に着地することを目的とする。

これは、かつてトランスパーソナル系の心理学者たちが進めていた「ヒューマン・ポテンシャル・ムーブメント」を、医療の現場で組織的に展開していることになる。

もちろん現在の医療者たちは、単なる治療のための医療技術のトレーニングしか受けておらず、患者の意識の変容をどうサポートしたらよいかは皆目見当もつかないだろう。

そこで、ハワイで引退生活を送っていた、伝説のセラピスト、吉福伸逸氏にとくにお願いして医療者向けのサイコセラピーのワークショップを開いていただいている。14章で述べた、私が参加したというワークショップはそのひとつだ。

吉福氏は、グロフやミンデルと同時期にエサレン研究所に滞在しており、トランスパーソナル心理学やプロセス指向心理学の誕生に、実地で立ち会った人だ。

「ホロトロピック・センター」の機能のひとつ、「病気にならないようにケアをする」というのは、漢方やアーユル・ヴェーダなどの伝統医療では当然の概念だが、これらもカウンターカルチャー時代に注目され、復活した。

そのせいか、伝統医療や民間療法を取り入れたホリスティック医療や統合医療は、本家本元の日本や中国よりアメリカのほうが盛んだ。

医療改革を進めていると、あらゆる局面でカウンターカルチャーの遺産に遭遇するのだ。

経営改革もまったく同じだ。深く追求していくと、どこかで必ずぶち当たるのだ。前章で、セムラーが彼の改革の路線をカウンターカルチャーにたとえている例を述べた。

教育改革に関しても、私が主張する新しい潮流は、カウンターカルチャーの影響が大きいことを、文献［2］で述べた。


カウンターカルチャーというのは、結局社会の大変革に対する、最初の陣痛のようなものだったのだろう。かつての痛みが治まり、体はすっかり元に戻ったように人々は思っているのだが、じつはお腹にはいつの間にか赤ちゃんが育っており、出産へのプロセスは着々と進行しているのだ。

いつ生まれるのか、赤ちゃんがどんな顔をしているかは誰にもわからないのだが、漠然とした方向性は見えている。

企業経営に関しては、それが本書で述べている新しい潮流だ。

闇雲に合理性や効率性を追求し、従業員を抑圧的に支配するのではなく、人々の内なる欲求を解放し、参加意識にもとづく「やる気」を引き出す、という方向性だ。

第17章　新潮流のルーツは教育学

変革の原動力

15章で、セムラーの経営学の骨格を支える三要素は、深層心理学、カウンターカルチャー、教育学だと述べた。

彼の著書［9］には、ちゃんとそのヒントが書いてあるのだが、経営学者たちは誰ひとりとしてそれに気づかなかったと思われる。気づくためには、それぞれの内容に関して、相当に深い理解が必要だ。

さて、教育学の影響だが、キーパーソンはセムラー自身ではなく、同社ナンバー2のクロヴィス・ボジキアンだ。文献［9］で、彼について記述している部分を引用する。

おそらくこの記述は、一九八四年ごろの出来事と推定される。このころのセムコ社は、初期の危機を脱して急成長していた。そのキーパーソンが、新聞の求人広告で雇ったアロ・ヘイデという男だった。ものすごく優秀で、各国語を流暢《りゅうちょう》に話し、交渉力が抜群だったのだが、その働きぶりが世の中に知られ、破格の条件で他社に引き抜かれてしまった。

——アロの代わりができる者はいなかったが、時として、物事はまた違った方法でバランスを回復させるものだ。彼が去ったちょうどその頃セムコに入社した人物が、間もなく当社に起ころうとしていた驚くべき変革の原動力になったのだ。

私は、我が社の新しい管理方式、厳格な統計数値に頼ったこのやり方が、企業の買収や、それに伴う従業員の増加と共に、組織のストレスをあちこちに生み出しているのをしっていた。普通なら、この程度の規模の組織で「人的資源管理担当」のディレクターを持つのは馬鹿げているというのが常識だろうが、当社ではそれが必要だというのが私の考えだった。という訳で、ヘッドハンターに依頼して集めた履歴書何十通かに目を通して、その結果絞り込んだ十名の候補者を面接した。全部が大企業での職場経験の持主で、我が社の要求に不適格だった。

そこへ現れたのが、と言っても横の木戸からなのだが、このクロヴィス・ボジキアンなのだ。アルメニア人の移民の子であるクロヴィスは理想主義者であり、前身は学校教師だった。サマーヒル流の進歩的教育システムの推奨者である彼は、サンパウロ大学を卒業した学校教師の卵の専門訓練機関にカウンセラーとして勤務し、ついにはそこの所長となった。彼の職歴は、絶え間ない新機軸の導入の実績で一杯で、学生は、事実を暗記するのではなく自分でものを考え、文学から数学にいたるすべての教科内容を疑ってかかれと教えられた。学生は、自らの時間割を立て、自由な服装をし、自分で自分のカリキュラムを作成した。

しかし、当時のブラジルは未だに軍部の統治下にあり、軍の指導者達には、クロヴィスのやり方が破壊活動的に思えた。不可解なほど規律というものが欠けているのに加えて、クロヴィスはこれらの軍部指導者の業績を讃える記録を盛り込んだ歴史テキストを疑ってかかれと教えていた。一九六四年には、軍部指導者が大学で召集した特別軍法会議の席上でクロヴィスは四十六時間にわたって証言を行い、その結果解雇処分を受けたのだ。

学生達は直ちに学校を占拠し、クロヴィスの復職を要求した。一部の者によってモロトフ爆弾（注：火炎瓶）も使用されたが、大部分の学生達はほうきで武装し、缶詰食料を頼りに、バリケードを築いて一週間以上も抵抗して新聞の一面を賑わせ、面目を失った軍部は、ついに学校に軍隊を突入させるという事態になった。真夜中に機関銃をかざして乱入した兵士に逮捕された学生達は、国歌を歌いながら連行されて行った。

クロヴィスは後日サンパウロのフォード自動車に勤務、人事と研修訓練の仕事に従事したが、十八年後には、ブラジルのフォード社の人的資源管理マネージャーに昇進した。だが、結局は、この種の巨大企業には、彼の革新的アイディアを入れるだけの自由裁量の余地はなかった。次にクロヴィスは、セムコとは競合関係にあるポンプメーカーのKSBポンプ社の人的資源管理担当のディレクターとなる。しかし、ここでも再び彼は自己の能力を伸ばす余地を与えられなかった。

ここで話は少々意外な広がりをみせるのだが、父の時代のセムコ社の幹部で、父直属の配下の一人だった男が、なんとこのKSB社にいて、クロヴィスを露骨に嫌悪しているというのだ。このセムコ社の旧幹部は、ヘッドハンターまで雇って、クロヴィスの転職先を探させたのだが、このヘッドハンターの会社が、当社が人的資源管理担当ディレクターを探すよう依頼していた会社だったのだ――［9］

長々と引用した。

うかつなことに私は、最初に文献［9］を読んだとき、ほとんどこの部分を読み飛ばしてしまったらしく、何の記憶も残らなかった。その重要性に気づかなかったのだ。

それからしばらくして、天外塾のケース・スタディのためにセムラーの経営学の要点をまとめようとして、パラパラと本をめくっているとき、私の目は「サマーヒル流の進歩的教育システム」というところに釘付けになった。

その瞬間に、私は初めてセムラーの経営学の真髄に触れたといってもよい。

じつは、最初に文献を読んだ後、私は教育改革の本［2］を書くため、サマーヒルのことを詳しく調べた。その予備知識がない時点では、クロヴィスの重要性がわからず、読み飛ばしてしまったのだろう。ちゃんと読めば「（この）人物が、間もなく当社に起ころうとしていた驚くべき変革の原動力になった」と、しっかり書いてあったにもかかわらず、だ。

異端の心理学者・ライヒ

サマーヒル校は、アレクサンダー・サザランド・ニイルにより一九二一年に設立された。

当初は、フロイトの深層心理学をベースにしていたが、やがてその限界が露呈し、ニイルはライヒの心理学に傾倒していった。

ライヒ（Wilhelm Reich　一八九七〜一九五七）は、15章で紹介したように、フロイトに破門されてアメリカに渡り、カウンターカルチャーに多大な影響を与えた心理学者だ。その六〇年の生涯で、じつにさまざまな研究をおこなったが、その中心テーマは、気功法でいう「気」だ。

彼はそれを「オルゴン・エネルギー」と命名し、性質の解明と制御法の開発に命をかけた。彼の発明した制御装置を雲に向けると、エネルギーを吸収して雲はなくなり、また晴天時に同じ装置を用いて雲を作り、雨を降らせることもできると主張した。公開実験に成功したとの報告もあるが、追試はことごとく失敗している。

また、ＵＦＯの推進エネルギーもそれを利用していると断定し、同じ装置を用いてＵＦＯを撃退できるとした。

精神と身体の関連を詳しく調べたのは彼が最初だが（こちらは真面目な研究内容）、筋肉のこわばりが、生命を司るオルゴン・エネルギーの流れを阻害する、という理論を提唱した。今日では、これは気功法の教えと一致しているので、あまり違和感なく受容できる人が多いと思うが、一九五〇年代の科学万能のアメリカでは、きわめて異端だった。ライヒはさらに、空気中からオルゴン・エネルギーを集積するカプセルを発明した。その中に入ることにより、あらゆる病気が治癒するといわれ、一時は人気を呼んだ。

しかしながら、この治療法は州の法律に触れ、最終的にライヒは法廷侮辱罪で一九五五年に投獄され、二年後に発狂して獄死した。

彼は、身体と精神の関連性に関しては、まぎれもなく立派な業績を残しており、今日でも少数ながら熱心な崇拝者がいる。しかしながら、気象制御やUFOの研究で見せた、独断的、オカルト的、頑迷で強圧的な態度のため、科学者としての資質を疑う人が多かった。

したがって、学問としての心理学の分野では、彼の名前は抹殺されたままだ。一般にもあまり知られていないだろう。

セムラーの著書［9］中、一九八五年の対決にのぞむときの描写で、ライヒの名前が出てくるというのは（15章）、相当に特殊なことだということがご理解いただけるだろうか。

したがって、この時点でセムラーはボジキアンからサマーヒルに関して十分な情報を得て、ニイルの教育学を学んでおり、その関連においてライヒを勉強した、と考えるのが妥当な推理だろう。

自由と信頼による教育

さて、ニイルだが、今日でいえばフリーターやニートに相当するだろう。一四歳で義務教育を終えたが、成績不良で上級学校には進めなかった。就職先でも長続きせず、やむなく父親が校長を務める学校の見習い教師として食いつないでいた。

ところが、徴兵され軍隊にいたときにホーマー・レーンによる更生施設を見学し、人生が一変する。そこでは、かつての非行少年・少女たちが農業をしながら共同生活をしており、ニイルが夢見た自由な教育が実際に機能していたのだ。

その後、サマーヒルを開校してからのニイルの基本ポリシー、「子どもたちが自分自身である自由を与えれば、ひとりでに立ち直っていく」というのは、ホーマー・レーンから引き継いだ。

サマーヒルが自由な学校だ、という評判が立つと、イギリス中の問題児が集まるようになった。

ニイルは彼らのことを、「まるで小さな悪魔のようだった」と述べている。

世の中をのろい、破壊的で、マナーも悪く、嘘はつくし、盗みもはたらく、あるいは癇《かん》癪《しゃく》持ちですぐ切れる。

ところが、入学後六ヵ月もたつと、ほとんどの子どもは幸福で健康になり、悪いことは何もしなくなる。

その間、先生たちは一切の注意や叱責をせずに、子どもたちを導こうとはせず、全面的にありのままの姿で受容し、自由を与える。

これは並大抵のことではない。

盗癖のある子に対しては、それを矯正しようとしたりせずに、盗癖ごと受容するということだ。

ときには、校長であるニイルが、破壊癖のある子どもと一緒に窓ガラスを割ったり、盗癖のある子の盗みにつきあうこともある。

それが有効なのは、父親による厳しいしつけが恐怖感として定着し、自己否定を起こしている子どもだ。入学してきた子どもは、必ず父親や神のイメージを校長に投影する。その校長が自分と一緒に盗みをはたらくことで、子どもの心の中にある恐怖の権威のブロックが除去されるのだ。

このようにニイルは、深層心理学における抑圧や投影のメカニズムを、巧妙に応用していった。しかしながら、そのベースにあるのは、ニイル自身の徳の高さ、子どもたちへの愛情の深さだ。

徹底した受容、徹底した信頼がもしできれば、子どもたちは必ずそれに応えてくれる。

――すべての子どもは、自分自身の中に神を持っている。自我が満たされた自由な子どもはその神を発揮する。善悪や正邪の価値基準を与え、子どもを型にはめようとすると、その内にある神を悪魔に変えてしまう。つまり、法律や規則でしばり、道徳で抑え込もうとするから罪を作り、反逆者を作り出すのだ――（A・S・ニイル）［2］

ここまで説明すると、ようやくセムコ社という会社の実像がほのかに浮かび上がってくるのではなかろうか。

上からのコントロールや監督が一切なく、規則やルールが全廃され、給料を自分で決め、組織がほとんど存在しない集団が、どうして機能するのか、おぼろげながら想像できるのではなかろうか。

ニイルが学校で実現したことを、セムラーとボジキアンは企業経営に応用した。その内容はゴアの経営学と酷似している。つまり私の発見した「燃える集団」とも共通性があるということだ。

これらの内容は、一般にはほとんど知られていないので、大いなる秘密と呼んでもいいだろう。教育にも企業経営にも共通するということは、分野を問わず、人間の根源に関する秘密なのだ。

この秘密は奇跡を呼ぶ！

学校では、世をうらみ小悪魔と化した不幸な子どもが、数ヵ月で幸福で社会的に健全な子どもに変身し、次々に能力を開花させていく。

企業なら、上司が叱咤激励をしなくとも、従業員は嬉々として自主的に全力疾走をして、組織を盛り上げていく。

この秘密の要点を、もう一度整理してみよう。

ひとつのポイントは、何かに夢中になって取り組むという「フロー」だ。

第11章で触れたモンテッソーリは、「フロー」を堪能しきると、子どもは劇的に態度が変わることを発見し、これを「正常化」と呼んだ。みんなが「正常化」に達すると、幼児といえども自律的に、秩序ある立派な社会を形成し、先生は不要になるという［2］。

他の子どもの邪魔をすることなく、深い共感、愛情、好意をもって相互援助に満たされ、連帯意識が自然発生的に出現するのだ。

指示・命令により、上からのしつけでこの状態を作るのはまったく不可能だ。

企業なら、「フロー」は「燃える集団」を生み、独創性を発揮して信じられないような業績を達成する。これも、いかに優秀な上司でも、指示・命令でできるものではない。

秘密のもうひとつのポイントは、「フロー」に入るための条件でもあるのだが、徹底的な「信頼」と「受容」だ。

ニイルの教育学なら、子どもを破壊癖や盗癖ごと、ありのままの姿で受容する。上から善悪や正邪の価値基準を強制せずに、「自分自身であること」が許されるならば、子どもはひとりでに立ち直っていく、というゆるぎない「信頼」が柱だ。

セムラーの経営学では、従業員は自らのエゴの追求と会社全体の業績の間で、妥当で絶妙なバランスを見出す、ということを絶対的に「信頼」し、一切の管理統制を放棄している。そのために、従業員は元気溌剌《はつらつ》としている。

すでに、この秘密に気づいた教育者は、かなりの数になり、それぞれにすばらしい教育学を提唱している。その流れ全体を、私は「人間性教育学」と名づけた〔2〕。

また、まったく同じように、この秘密に気づいた経営者は、11章で紹介した新しい潮流を形成しており、それを本書では「人間性経営学」と呼んだ。

ひるがえって日本の社会を見ると、教育界も産業界も相変わらず「あなたをまったく信頼していませんよ」というメッセージを、子どもたちや従業員に対して、いやになるほど繰り返し発信している。そして彼らが、その不信頼にしっかり応えた問題行動をとると、今度は旧態依然とした管理統制を強化して解決しようとしている。

結果として、子どもたちも従業員も、そして先生も経営者も疲れ切ってしまった、というのがいまの日本社会の状況だろう。

ひとりでも多くの人が、この秘密に気づき、実践を通じて社会を活性化していくことを願ってやまない。

むすび

前著『マネジメント革命』［1］では、凋落に向かってもがき苦しむソニーの中で、はるか昔の創業期における輝かしいマネジメントの真髄を発見したことを書いた。

これはいわば、地表に露出していた石炭を偶然発見して掘ったようなものだ。

それに対して本書では、信じられないほど膨大な鉱脈が地下に眠っていることを発見した感がある。

その鉱脈全体に取り組むため、前著も含め、今後新しい経営学のシリーズとして出版することにした。

まだ鉱脈の全貌はつかみきれていないのだが、本書で扱った内容だけでも、空間的にも時間的にもスケールの大きな拡がりを見せている。

空間的には、前著ではソニーという限定された舞台の話だったのが、全世界で起こりつつある新潮流の話に拡大された。

また、時間的には過去一〇〇年の進化を担ってきた「合理主義経営学」から、今後一〇〇年の指導原理になるであろう「人間性経営学」への転換という、つごう二〇〇〇年のタイムスパンの中における企業の進化を扱った。

さらには、二〇〇〇年以上前の老子の思想と、この新潮流の関連を明らかにした。

本書は、「天外塾」における第三講までの内容にほぼ相当する。後半のメイン・トピックである「運命」や「死の経営」に関しては13章で要約を述べるにとどめた。

そのために、フラストレーションを感じられた読者もおられると思うが、シリーズの次稿を期待していただきたい。

さきに述べた、本書における空間的、ならびに時間的スケールの拡がりについては、前著を読んだ何人かの熱心な読者のご指摘により、私自身が気づくことができたものだ。感謝にたえない。

また、本書の内容には、「天外塾」の塾生から私が学んだことが多々反映されている。

すべての塾生、ならびに主催していただいた日本経営合理化協会、アルマック、日本能率協会などの関係諸氏に深謝する。

また、そのディスカッションの一部を「天外塾」実況中継として掲載させていただいた。そこに登場した塾生たち、とりわけすばらしい文章もいただいた塾生のひとり、サッカー日本代表チーム監督の岡田武史氏に、心から感謝する。

参考文献

[1] 天外伺朗『マネジメント革命──「燃える集団」を実現する「長老型」のススメ』講談社、二〇〇六年
[2] 天外伺朗『教育の完全自由化宣言!──子どもたちを救う七つの提言』飛鳥新社、二〇〇八年
[3] 高橋伸夫『できる社員は「やり過ごす」──尻ぬぐい・やり過ごしの凄い働きを発見した』ネスコ、一九九六年
[4] 出路雅明『ちょっとアホ!理論──倒産寸前だったのに超V字回復できちゃった!』現代書林、二〇〇六年
[5] 張鐘元『老子の思想──タオ・新しい思惟への道』上野浩道訳、講談社学術文庫、一九八七年
[6] チャールズ・C・マンツ、ヘンリー・P・シムズJr.『自律チーム型組織──高業績を実現するエンパワーメント』守島基博監訳、渋谷華子、蔡芢錫、喜多志保訳、生産性出版、一九九七年

[7] ケビン&ジャッキー・フライバーグ『仕事はカネじゃない!――破天荒2』小幡照雄訳、日経BP社、二〇〇四年
[8] ゲイリー・ハメル、ビル・ブリーン『経営の未来――マネジメントをイノベーションせよ』藤井清美訳、日本経済新聞出版社、二〇〇八年
[9] リカルド・セムラー『セムラーイズム』岡本豊訳、新潮社、一九九四年
[10] イヴォン・シュイナード『社員をサーフィンに行かせよう――パタゴニア創業者の経営論』森摂訳、東洋経済新報社、二〇〇七年
[11] 山田昭男『楽して、儲ける!――発想と差別化でローテクでも勝てる! 未来工業・山田昭男の型破り経営論!』中経出版、二〇〇四年

付録　「人間性経営学」のケース・スタディ

ゴアの経営学

参考文献［6］、［8］

◉会社（W・L・ゴア&アソシエイツ）の概要

1．ファブリック（織物）、医療機器、エレクトロニクス、産業用資材などを中心とする製造業。代表商品「ゴアテックス」。

2．一九六九年に年商約六〇〇万ドル、その後急成長を続け一九九〇年には年商六億六〇〇〇万ドル。三〇年以上にわたって高成長、高収益を維持。

◉経緯

1．一九五九年に先代のビル・L・ゴア（一九八六年没）が四五歳でデュポン社から独立して創業。

2．当初は、工業用絶縁材などテフロン応用製品でヒット。後に広範囲に製品を拡大。

3．上司がいない無管理、組織が存在しない無構造、徹底した権限委譲、一人ひとりのセルフリーダーシップなどのユニークなマネジメントが功を奏して急成長。

◉経営学の要点

1．会社組織は完全な無構造。社内で肩書があるのは二人のみ。一九九七年時点で、ひとりはCEOのボブ（先代ゴアの息子）、もうひとりは秘書兼会計係のデュヌビエーブ（先代ゴアの未亡人）、他の社員は全員フラットであり、アソシエート（仲間＝一般従業員）と呼ばれている。

2. その後CEOはチャック・キャロル、テリー・ケリーへと移り変わったが、その選任は従業員全員がおこなった。

3. 管理者はおらず、固定された権威はない。したがって上司という概念はない。「恐怖ではなく、信頼で結ばれた組織では、社員をあれこれ監督する必要はない」

4. そのかわりにスポンサーシップという制度を設ける。これは後輩の面倒を見る先輩という感じで、本人の自己申告で自由に就任する。スポンサーは新しい職務についた人や新入社員の出発の手助け、貢献や達成の評価の弁護、処遇の調整などを担当。

5. 社員の採用は人事担当者による一次選考の後、アソシエートによるインタビューがある。スポンサーを引き受けると申し出たアソシエートがいれば採用。

6. リーダーシップは人々に推されて自然発生的に決まるので、絶えず変化発展しており、固定したものではない。

7. リーダーは原則として指示・命令をしない。したがって、権威者、管理者、監督者であってはならない。また、上下関係のある親のような保護者であってもいけない。あくまでもチーム・メンバーと対等な立場のアドバイザーに徹しなければいけない。

8. リーダーには、専門職的なリーダー、プロダクツに関するリーダー、工場を見るプラント・リーダー、事業部を見るビジネス・リーダー、全社的な視点に立つコーポレート・リーダー、機能部門別のリーダー、新規事業、新製品、新工場の建設などを担当する企業家的リーダーなどがある。

9. 各々のアソシエートには、会社全体の動きを視野に入れて行動すること、公平なこと、与えられた自由を自分自身の成長のために徹底的に利用すること、自分でコミットメントできる対象をしっかり見つけて没頭すること、などが求められている。「権威主義者が強いることができるのは命令だけだ。自主的なコミットメントは服従の何倍もの価値がある」

10. 社員はどんな要請も自由に断ることができるが、自分のコミットメント、あるいはいったん約束した協力などは神聖な誓約とみなされる。結果的に、すべての社員が自分のやりたいことをやっていることになる。

11. 会社の評判を傷つけたり、財務的な安定を危ぶませたりする可能性がある場合には、行動を起こす前に必ず他のアソシエートに相談すること（喫水線ポリシー）。

12. 組織はないので、すべてのコミュニケーションは個人対個人になる。

13. グループの規律は所属するアソシエートたちが自ら決める。

14. 給料は高くなく、ほぼ業界標準。収入が目当てでなく、成長の機会や、仕事のユニークさに惹かれる人を採用する。

15. 年俸の一五％を必ず自社株購入に当て、それを積み立てて退職金に充当する（全員株主）。

16. すべての社員は週に半日だけ遊びの時間がある。何人かが自主的に集まって、その時間を使って勝手にプロジェクトを進めてもよい。

17. 新規プロジェクトが遊びの時間をこえて投資の段階に入ると、市場での優位性、収益性、必要なスキルが社内にあるかなど、徹底的なアセスメントを定期的におこなう。ただしタイムテーブルは設けず、たっぷり時間をかける。

18. 事業所の規模は例外なく二〇〇人以下とする。「事業所が一定以上の規模になると、〝我々が決めた〟が、〝彼らが決めた〟になる。モチベーションが下がり、官僚主義がはびこりはじめる」

◉解説

1. 先代のビル・ゴアがデュポン社時代に小人数による開発プロジェクトで「燃える集団」を経験。その熱気と効率性を会社全体で実現できないかと考えて創業し、経営システムを開拓した。

2. 権限委譲は徹底しており、「フロー経営」「長老型マネジメント」などはほぼ完璧に実行されている。社内では随所に「燃える集団」が発生していると想像される。

3. 先代のゴアが実行し、息子の代を経て、その次の次の世代まで「人間性経営学」が継承された好例。

シュイナードの経営学

参考文献［10］

◉会社（パタゴニア）の概要

1．アメリカのアウトドア・スポーツ用衣料メーカー。

2．一九八五年に年商約二〇〇〇万ドル、その後年率約四〇％の急成長を続け一九九〇年には年商一億ドルを超えた。その後は年率五％程度の成長に意識的に抑えている。

3．一九八五年以後、会社の業績にかかわらず、売り上げの一％（もしくは利益の一〇％のどちらか多いほう）を、草の根的な環境保護活動に寄付し続けている。総額は二四〇〇万ドル以上。

◉経緯

1. シュイナード本人は登山家。一九五七年より自らが使うための岩登り用具を開発し、外販をはじめる。一九七〇年にはアメリカ最大の岩登り用具会社になる。

2. 一九七二年に登山用衣料に進出。吸湿性、保温性など徹底的に追求し、生地の素材開発から取り組んだため人気急上昇。

3. その後本人がサーフィン、スキー、カヤック、フライフィッシングなどへ活動範囲を広げるとともにアウトドア・スポーツ全般の衣料品を手がけるようになり急成長。

4. 一九七〇年代には、使い捨てピトンによる岸壁破壊に気づき、岸壁を破壊しない登山法とその用具を開発。登山者への啓蒙活動を通じて、環境運動に目覚める。

5. 一九九一年、アメリカの景気の低迷を受けて成長率が二〇%に落ち込む。四〇%の成長を見込んで人員や設備を用意していたので、一転して経営危機に。それを契機として、企業の存在目的、理念、経営のスタイルを抜本的に見直し、今日にいたる。

6. そのとき参考にしたのが、日本やスカンディナビア諸国の経営スタイル。「アメリカには、模範にしたい企業は見当たらなかった」

7. 一九九一年、環境アセスメントプログラムを実施。あらゆる製品に関して、原材料の製造の原点から、製品の製造加工のプロセス、輸送、流通のプロセスなどのすべてにわたって、どれほどの負荷を地球環境にかけているかを詳細に洗い出した。

8. 一九九三年には、ペットボトルをフリースに再生する技術を開発。一九九六年には、材料費が三倍になるのを厭わず、有機栽培のコットンに全面的に切り替えるなど、自社のオペレーションの地球環境への負荷を最小にすべく、あらゆる視点から懸命な努力を続けている。すべての従業員にも環境問題に関心を持って、それぞれに取り組むように働きかけ、また世界に向けても環境の危機的状況に関する発信を続けている。

9. 二〇〇一年には、売り上げの一%を環境保護団体に寄付する、「1%フォー・ザ・プラネット」と呼ばれる企業連盟を立ち上げた。

◉経営学の要点

1. 企業は、いったい誰に対して責任を持つべきなのだろうか？　株主、顧客、従業員、納入業者、近隣に住む人々、などをあげる人は多いが、最も大切な相手が忘れられている。それは「地球」だ。あらゆる企業は、地球環境に対して真摯な責任を負うべきだ。「死んだ地球からはビジネスは生まれない」

2. 企業というものは、存在そのものが必ず地球環境に大きな負荷をかけており、大自然の敵だ。自らのオペレーションにより、いかに環境を汚染し、資源を浪費しているか、詳細に調査し、正確に把握しなければいけない。その自覚の下に、環境負荷をいかに低減するか、努力を惜しんではいけない。「企業には、財務指針が必要なことは周知だが、本当はそれにくわえて環境指針も必要」「ビジネスを手段として、現在の地球環境の危機的状況を世界にアピールする」

3. イロコイ族が必ず七世代あとのことを配慮して物事を決めるように、企業も一〇〇年先まで事業を続けること、したがってその時代の地球環境のことを配慮して、今時点のデシジョンをおこなわなくてはいけない。

4. 利益を上げることは、当然配慮しなければいけないが、それを一義的な目的にはしない。成長、拡大には、企業にとっての本質的な価値はない。

5. いい波が来ていたら、サーフィンに行かないほうがおかしい。猛吹雪の翌日が晴れたら、新雪を楽しみにスキーに行くのは当然だ。子どもが病気になったら、会社を休んで看病すべきだ。「今からサーフィンに行ってよいか？」などと、上司にお伺いを立てるようではいけない。本当の意味での責任感を持っていれば、仕事の遅れは夜でも休日でも取り戻せる。

6. 各自が好きなことを思い切りやることにより、人間としての活性度が上がり、仕事の効率も格段に上がる。

7. 会社が従業員を徹底的に信頼することが、彼らが責任をもって仕事をするための秘訣だ。

8. 波や吹雪や子どもの病気は、予定することができない。それらに対処するということは、突発的な状況の中で適切な行動をするという融通性を身につけるトレーニングになっている。

9. 自分が好きなときに自由に遊ぶためには、自分が遊びに行っている間、外部からの連絡などに関して、同僚の多大なサポートが必要。逆に同僚が遊んでいるときには自分が十分なサポートができなくてはならない。このことから、誰でも自由に遊びに行ってよいというポリシーが職場の協調性を向上させ、仕事のシェアリングを自動的に加速させる。それは、有機的で強力な組織の実現を意味している。

10.「いつでも遊びに行ける」という雰囲気は、真剣なアスリートを惹きつけ、引き止めるのに効果的。これは、アウトドア製品の開発・製造・販売をやっている会社にとっては命綱だ。

11.仕事は毎日楽しめなくてはいけない。うきうきした気分で会社に来る従業員はいい仕事をする。

12.勤務時間だけでなく、ワーキング・スタイルや服装も完全に自由であるべき。裸足で来てもよい。

13.企業全体の意思決定に、すべての従業員が参加できるようにする。

14.あらゆる階層が、ざっくばらんな意見交換ができるようにする。

15.製品も、仕事のプロセスも、組織も、一切の余分なものをそぎ落とし、できうる限り簡素化しなくてはいけない。

◉解説

1. 企業の存在意義を「地球環境への取り組み」という、誰にとっても共感しやすい一点に絞り込んだ。これは、多くの企業にとってお手本になる。今後、フォロワーが続出するだろう。

2. 「いい波が来たら、仕事をほっぽらかしてサーフィンに行こう」という表現は、アウトドア関連ビジネスだからこそきわめて有効になる。それぞれの企業特性に合わせて、経営ポリシーやその表現方法を工夫しなくてはいけない。企業経営で、猿真似をやってうまくいったためしはない。

3. シュイナードは、一年の半分は自然の中で過ごし、自社製品のフィールドテストをし、新製品のアイディアを練っている。その間、会社との連絡は一切していないというので、「長老型マネジメント」は実行できていると思われる。会社全体として、そのスタイルがどの程度浸透しているかは不明。

4. 従業員の活性化のポイントは十分におさえており、「フロー経営」、「燃える集団」などは実行されている。

5. シュイナードは禅思想に深く傾倒しており、登山などにそれを生かしてきた。おそらく、彼の経営学を深いところで支えているのが禅思想だろう。

山田の経営学

参考文献［11］

◉会社（未来工業）の概要

1．岐阜県の電設資材メーカー。

2．一九八三年（年商三二億円、従業員一八〇名、経常利益率一一％）、二〇〇三年（年商二四〇億円、従業員八〇〇名、経常利益率一六％）、二〇〇七年（年商二六六億円、経常利益率一六・五％）。

3．一九九一年、名古屋証券取引所第二部上場。

4．二〇〇三年、未来グループをホールディング化。

◉経緯

1. 旧制中学卒業後の一九四八年、父親の会社に入る。すぐに専務。しかしながら、演劇に熱中、劇団「未来座」を主宰。
2. 一九六五年勘当され、くびになる。「未来工業」を四人で設立。電設資材の設計・製造・販売を開始。「日本で初めて」といえるような、小さな工夫を無数に積み重ね、売り上げを伸ばす。
3. 一九八九年、四〇〇〇種以上の商品の在庫コントロールのため、需要予測型生産管理システムを完成。
4. 従業員を徹底的に信頼し、権限委譲をする経営スタイルを確立。会社もちの海外旅行など、ユニークなモチベーションアップ策を次々に実施。

◉経営学の要点

1. 従業員の自主性と自覚、とくに「やる気」が会社の真の柱。
2. 給与体系は年功序列で、成果主義とは対極路線。「成果を上げたらエサをやる、という成果主義は、会社が社員を信用していない証拠」

3. 給料で差をつけると、成果の低い社員を固定化する。同じ給料なら、成果を上げない社員は「後ろめたさ」を感じるようになり、努力するようになる。

4. 社員を一〇〇%信頼し、社員が喜ぶ施策（労働時間短縮、五年ごとの全額会社負担の海外旅行、定年七〇歳、育児休暇三年など）により、「やる気」が向上する。「エサは最初に皆にやるべし」

5. 経営者の仕事は、社員のやる気を高め、不満を解消し、戦略を練ること。戦術的な業務は、下を信頼して一切を任せ、口を出すべきではない。「基本ポリシーは〝よきに計らえ〟だ」「会社は劇場。幕が上がれば、すべてを役者（社員）にまかせるべき。まかせなければ、役者は育たない」

6. どんなセクションであれ、そのトップとして処遇すれば、モチベーションが上がり、本来の能力を発揮するようになる。

7. 戦略は差別化だ。もの作り、販売方法、リーダーシップのありかたなどの差別化が重要。経営の差別化は「社長は働かんこと」。

8. 現場のことは現場がいちばんよくわかっており、いちいち会議など開いていないで、現場で即断即決すべき。「ホウレンソウなんてくそ食らえや」

9. 「いかに商品をうまく売るか」、「いかに安く仕入れるか」「いかにいい物を作るか」などは、戦術に属し、現場でデシジョンすべき。
10. 社員を本当に信頼しているなら、ノルマを強制するということはありえない。タイムカードも不要。
11. 経費の節減を徹底する。照明や電話代にいたるまでドケチ・オペレーションをすることにより、社員はコスト感覚が身につく。
12. 「常に考え、常に工夫する」ことを徹底する。社内各所に「常に考える。なぜ、なぜ、なぜ」という社是を掲示。
13. 社長に逆らう社員を出世させろ。

◉解説

1. 権限委譲は徹底しており、また社員を信頼し、やる気を尊重するというポリシーがあり、現場で「燃える集団」的な現象が発生している可能性は高い。
2. 経営者や従業員の「意識の成長・進化」というポイントは、あまり配慮されていない。

3. 「長老型マネジメント」との共通部分もあるが、むしろ「権限委譲を徹底しているカリスマ経営者」。

4. 成功のひとつの要因は、従業員の視点、顧客の視点で物事をちゃんと見ることができたこと。これは、言うのは簡単だが、実行はやさしくない。おそらく、山田や現・未来取締役会長で元未来座のメンバー、未来工業立ち上げ時の四人のうちの一人である清水昭八が演劇活動で身につけた習性だろう。

天外伺朗　てんげしろう

本名・土井利忠。元ソニー上席常務。工学博士（東北大学）。1964年東京工業大学電子工学科卒。ソニーに42年余勤務。その間、ＣＤ、ワークステーションＮＥＷＳ、犬型ロボットＡＩＢＯなどの開発を主導。また、脳科学と人工知能を統合した新しい学問「インテリジェンス・ダイナミクス」を提唱した。現在は医療改革に取り組んでおり、病院に代わる「ホロトロピック・センター」と呼ぶ新しい施設の設立を推進している。そこでは、人々が病気にならぬように生まれてから死ぬまでケアし、病気になった場合には、治療とともに意識の変容を密かにサポートする。また、企業経営者のための「天外塾」を開いて経営改革に取り組むとともに、近年は教育改革へも手を拡げている。著書に『深美意識の時代へ』『意識は科学で解き明かせるか』（以上、講談社）、『心の時代を読み解く』『教育の完全自由化宣言！』『運命の法則』（以上、飛鳥新社）、『般若心経の科学』（祥伝社）、『宇宙の根っこにつながる生き方』（サンマーク出版）など多数。本書に先立つ「人間性経営学」シリーズとして『マネジメント革命』（講談社）がある。

連絡先（天外塾のお問い合わせ）　ホロトロピック・ネットワーク事務局
〒151-0066　東京都渋谷区西原3-11-9　ライトハウス4F
Tel：03(5465)0778　Fax：03(5465)0779
http://www.holotropic-net.org

人間性経営学《にんげんせいけいえいがく》シリーズ2
非常識経営《ひじょうしきけいえい》の夜明《よあ》け　燃《も》える「フロー」型《がた》組織《そしき》が奇跡《きせき》を生《う》む

2008年9月30日　第1刷発行

著　者　天外伺朗《てんげしろう》
発行者　野間佐和子
発行所　株式会社　講談社
〒112-8001　東京都文京区音羽2-12-21
電話　編集部　03-5395-3783
販売部　03-5395-3622
業務部　03-5395-3615
印刷所　大日本印刷株式会社
製本所　大口製本印刷株式会社
本文データ制作　講談社プリプレス管理部

ISBN978-4-06-214985-3